Theodor Bergk

Griechische Literatur Geschichte

Theodor Bergk

Griechische Literatur Geschichte

ISBN/EAN: 9783743688605

Hergestellt in Europa, USA, Kanada, Australien, Japan

Cover: Foto ©ninafisch / pixelio.de

Weitere Bücher finden Sie auf **www.hansebooks.com**

REGISTER

ZU

TH. BERGKS

GRIECHISCHER LITERATURGESCHICHTE

VON

RUDOLF PEPPMÜLLER UND WILHELM HAHN.

BERLIN,
WEIDMANNSCHE BUCHHANDLUNG.
1894.

Die Notwendigkeit, den reichen Inhalt der Griechischen Litteraturgeschichte von Th. Bergk durch ausführliche Register zugänglicher zu machen, hatte der Herausgeber des 4. Bandes erkannt, ehe noch in den Besprechungen von W. Schmid (Korrespondenz-Blatt für die Gelehrten- und Realschulen Württembergs 1889, S. 398) und von O. Crusius (Göttinger gelehrte Anzeigen 1890, S. 146) besonders darauf hingewiesen wurde. Er hatte deshalb schon im Jahre 1887, gleich nach dem Erscheinen des von ihm redigierten Bandes, mit der Weidmannschen Buchhandlung die Herstellung von Indices verabredet. Aber erst jetzt liegt die entsagungsvolle Arbeit, die ohne die hingebende Thätigkeit von W. Hahn vielleicht überhaupt nicht zustande gekommen wäre, abgeschlossen vor.

Für den Gebrauch der Verzeichnisse sei bemerkt, dafs historische Daten nur dann berücksichtigt worden sind, wenn sie durch Bergk eine besondere Beleuchtung erfahren haben, und dafs nur solche Stellen in das Stellenregister aufgenommen worden sind, welche der Verfasser der Litteraturgeschichte kritisch oder exegetisch behandelt hat.

Unebenheiten auszugleichen, wie Crusius wünschte, schien dieses lediglich für das Register bestimmte Heft nicht der rechte Ort zu sein; aber vielleicht bietet sich dazu später anderswo eine passende Gelegenheit.

Stralsund, 12. August 1894.

R. P.

WORT- UND SACHREGISTER.

A, attisch, statt *H*, ionisch II 470, A. 22.
A (*H*) im dorischen Dialekt I 59.
Abammon, über die ägyptischen Mysterien IV 569 ff.
Abaris I 358, A. 142; II 79, A. 16, 98 f.
Aberglauben, Hauptstätten desselben I 358 f.
Abnoba IV 274.
Abschreiber von Buf im Altertum I 236.
Accentzeichen I 234.
Achaios (Tragiker) III 607 f.; dessen *Μοῖραι* III 240, A. 139.
Achilleus (ποδώκης) I 348; in der Handlung der Ilias I 422, im Schiffskatalog I 557; seine Maßlosigkeit für die alte Ilias nicht als ethischer Gesichtspunkt zu betrachten I 592, A. 119; sein Streit mit Odysseus i. d. Kyprien vergl. mit Hom. Od. ϑ 72 ff., I 677; — (auf Leuke) bei Arktinos II 59, A. 80.
ἀδίδακτα und für auswärtige Bühnen bestimmte Dramen fehlen in den Didaskalien III 64, A. 218, 67.
Adjektiva auf -οεις und -ηεις I 126, A. 200.
Adonis und das Linoslied I 322.
Adramelech und griech. Söllner II 11.
Adrastos in den tragischen Chören Sikyons III 254.
Adrastos' bibliograph. Arbeiten I 275; zu Aristoteles' Kategorien IV 490, A. 217; zu desselben Analytika 491, A. 219.
ἀείδειν I 389, A. 220.
Afranius, seine Abhängigkeit von griech. Vorbildern IV 183, A. 30.
Agallis von Kerkyra I 166.

Agamemnon von Kyme I 414.
Aganippe I 320.
Agatharchides von Knidos IV 519 f.
Agatharchos, Bühnenmaler III 43, A. 141.
Agathon I 142; III 178, 613; IV 341.
Agenor, Flötenspieler II 505, A. 22.
ἀγέρωχος, bildlich I 129, A. 209.
ἀγγελίης bei Homer I 858, A. 153.
ἀγγελικὴ ῥῆσις III 208, A. 66.
ἄγγελος unterschieden vom ἐξάγγελος III 208, A. 66.
Agesilaos' nationale Tendenz II 469, A. 21.
Agias von Troizen II 46, A. 46; 52.
Agis aus Argos II 486, A. 37.
Agon für tragische Chöre schon seit Peisistratos III 19; 256; komische Chöre an den Lenaien 26; III Veränderungen in der Organisation nach dem peloponnesischen Kriege III 244; Beteiligung von δοῦλοι und ξένοι IV 397, A. 148; — ἀναγνώσεως, — ῥαψῳδίας zu Chios I 493, A. 33; — der Rhapsoden angedeutet in den Homer. Hymnen I 746; — ὑποβολῆς zu Teos I 493, A. 33.
ἀγορανόμοι III 22, A. 60.
ἀγράμματος I 212, A. 64.
ἀγρέω = αἵρέω in allen Mundarten I 58, A. 20.
Agresphon (?) περὶ ὁμωνύμων I 276, A. 23.
ἀγριόφωνοι bei Homer I 34, A. 4.
Agyrrhios III 61, A. 212.
Ägyptens Einfluß auf griechische Kultur II 11 f.; griechisches Söldnerwesen daselbst II 11.
Ägyptische Mysterien, Buch des Abammon über dieselben IV 569 ff.
Aias bei Homer Il. Γ 569; sein Selbstmord in Sophokles' Tragödie vor den

Augen der Zuschauer; anders in den Thressai des Aischylos III 207, A. 63.
Aias Telamonios u. der Schiffskatalog I 562, A. 23.
Ἀιδης πολιώνυμος I 327, A. 33.
Aigimios in der Hesiod. Poesie I 921.
Ailian, Var. Hist., ein Auszug des ursprünglichen Werkes I 252.
Aineiaden als Dynasten in Skepsis I 767; in den Weissagungen der erythräischen Sibylle I 344.
Aineiassage bei Stesichoros II 293.
Aineias ὁ τακτικός IV 507.
αἴνιγμα I 355, A. 134.
αἶνος I 355, 363; bei Homer I 363, A. 157, 369, A. 167.
Aiolier, Etymologie des Namens I 15, A. 15.
Aiolischer Dialekt I 60 ff.: Differenzen der einzelnen Mundarten I 60; namentlich in den Lautgesetzen Übereinstimmungen mit dem Latein I 61; altertümlicher Charakter neben Schwächungen I 62; lesbische Assimilation I 62; Vokalismus u. Sprechweise I 62 f.; Beurteilung des Dialekts seitens der Griechen I 63; Verschwinden I 79.
Aiolismen bei Homer I 462.
Aiolosikon des Aristoph. durch Araros aufgeführt IV 165.
αἰῶραι III 42, A. 137.
Αἰραστιων, Monatsname I 953, A. 30.
αἴσακος I 492, A. 32.
Αἰσάρας s. Aresas.
Aischines IV 401 ff.; Biographisches, Entwicklungsgang IV 401 f.; sein Nachlaſs, politische Thätigkeit, Gegnerschaft zu Demosthenes I 269 — (παραπρεσβείας) und Timarchos, Δηλιακός IV 402 f.; Prozeſs gegen Ktesiphon IV 404 f.; verläſst die Heimat und geht nach Ephesos, Rhodos, stirbt auf Samos; die rhodische Rednerschule fälschlich auf ihn zurückgeführt, Würdigung IV 405; benutzt den Andokides IV 348; Dialoge IV 412.
Aischines und die mittlere Komödie IV 137, A. 44.
Aischines, Sokratiker IV 341.
Aischrion von Samos II 349, A. 68, II 486, A. 37.
Aischylos. Biographisches III 277 ff.; Quellen dafür 277, A. 7; Elegie auf die Marathonkämpfer 279, 284; Aufenthalt in Sicilien 280 f., 282 ff., IV 21; persönliches Verhältnis zu Sophokles 281, 359; zu Ion 281, A. 24; der Asebie angeklagt 282; seine Siege im dramatischen Agon 280, 286; sein Tod 283; die ihm nach dem Tode erwiesenen Ehren 284; Agon mit Choirilos und Pratinas III 35; Lehrer des Sophokles I 167.

Seine Kunst.
Einleitendes und allgemeine Charakteristik: III 271 f., 286 f., 339 f., 340 f.; Lyrik 116; Technisches: Chor III 216 f.; tetralog. Form 223, 229 f., 332 ff.; Reduktion des Chors nach Einführung der Tetralogie III 336; Einführung des Deuteragonisten, Entwicklung des Dialogs, des letzteren Verhältnis zu den melischen Partien III 257 f.; Tritagonist III 307, A. 84; Orchestik III 163; Vervollkommnung der Masken III 96; die trochäische Strophe III 121. Die Stoffe des Aischylos III 180 f.; historische Stoffe I 142, III 180 f., 186; Verhältnis zu den Mythen III 341; Quellen für mythische Stoffe III 342 ff.; Aischylos und Homer III 336, 342 f., 342, A. 164; tetralogische Dichtungen Homerischen Stoffs III 335; plastische Kraft und Einfachheit III 346 f.; das Ahnungsvolle, das Zarte in Frauencharakteren III 347 f.; Steigerung des dramatischen Interesses, der Leidenschaft III 348 f.; Stil des Aischylos: Grandiosität und Selbständigkeit III 349; Kongruenz zwischen Form und Inhalt III 350; Archaismen und Dialektisches III 350; Abweichendes von der gewöhnl. Redeweise (γλῶσσαι) III 350 f.; Neubildungen, Epitheta III 351; Bilder, Metaphern, Gleichnisse, Fülle des Ausdrucks in Tautologien und Epithetis III 352; Satzbau, Asyndeton, Anakoluthie III 353; volkstümliche Rhetorik III 353 f.; Individualisierung des Ausdrucks III 354; Übermaſs III 355. Seine Kunst in Sophokles' Beurteilung III 346.

Seine Dramen.
Zahl derselben III 284 f., 319, A. 108; zwei Gruppen unter ihnen III 286.
Ἀγαμέμνων III 334, A. 145;
Αἰγύπτιοι III 306, A. 83;

Αἰνεῖαι III 280, 285, A. 34;
Ἀλκμήνη III 285, A. 34;
Ἀμυμώνη III 307, A. 83;
Ἀργώ, ein Satyrspiel, III 239, A. 136;
Βασσαρίδες II 113, A. 23; III 334, A. 145; 345, A. 174;
Γλαῦκος Πόντιος III 239, A. 138; 291, A. 45; 343;
Γλαῦκος Ποτνιεύς III 285, A. 34; 291, A. 45; 334, A. 145; 344, A. 170;
Δαναΐδες III 306, A. 63;
Ἕκτορος λύτρα III 335, A. 146; 343, A. 165;
Ἐλευσίνιοι III 302, A. 70;
Ἑπτὰ ἐπὶ Θήβας III 295 f.: Titel 295; Inhalt 296 ff.; v. 369—719 nach dem Urteil des Euripides (Phoen. 751) 297, A. 60; Beurteilung in Athen 298 f.; ästhetische Würdigung, Charakteristik des Eteokles 299 f.; Chorgesänge 300; als Glied einer Tetralogie 301 f.; 334, A. 145; Schlufsscene 303f.; Beziehungen zu Sophokles' Antigone 305; Euphorion als Verfasser derselben 305;
Εὐμενίδες III 149. 334, A. 145;
Ἠδωνοί III 334, A. 145;
Ἰλιάδες III 320; 343, A. 166;
Θαλαμοποιοί III 255, A. 34; 306, A.83;
Ἱέρειαι III 282, A. 25; 285, A. 34;
Ἱκέτιδες III 305 ff.: Inhalt 305; Fortschritt im Vergl. zu den Persern und den Sieben 306; als Glied einer tetralog. Komposition 306; Entstehungszeit 307; vielleicht für Argos gedichtet 307 ff.; Chor und Dialog 309 f.; Charakter und Handeln des Königs und des Danaos 310; Verstümmelung des Dramas 310 f.;
Ἰφιγένεια III 282, A. 25;
Κάβειροι VI 23;
Λάιος III 334, A. 145;
Λυκούργεια III 334, A. 145; 336, A. 148; Umfang der Bezeichnung bei Aristophanes und in den Didaskalien IV 499;
Μυρμιδόνες III 335, A. 146; 343, A. 165;
Νεανίσκοι III 334, A. 145;
Ξάντριαι III 286, A. 36;
Οἰδίπους III 282, A. 25; 334, A.145;
Ὀρέστεια III 311; Umfang der Bezeichnung bei Aristophanes und in den Didaskalien IV 499;

Ὀστολόγοι III 343, A. 165;
Παλαμήδης III 285, A. 34;
Πέρσαι III 295 ff.: Inhalt 286ff.; als Mittelstück einer Trilogie 291; Verhältnis zu Phrynichos' Phoinissen 291 ff.; Tendenz 292 f.; lokale Färbung 293 f.; orientalisierend in Ausdruck und Gedanken 294; zweite Redaktion 295;
Προμηθεὺς δεσμώτης III 311 ff.; Zeit und Ort der Abfassung 311 f.; Charakteristisches in Form und Inhalt 312 ff.; Zeit der Aufführung 314; von Euphorion bearbeitet 315; Prometheus durch einen Schauspieler, nicht durch eine Puppe dargestellt, Zahl der Schauspieler 315f.; Sprache, Überlieferung des Textes 316; Inhalt 316; Fortsetzung und Lösung im befreiten Prometheus 318 u. 330 ff.; kein Glied tetralog. Komposition 318f.; Vermutungen über Dramen, mit denen die Promethie aufgeführt 320 f.; Verhältnis des Stoffs zu Hesiod und Pherekydes von Syros 322 ff.; Ort der Handlung 327ff.; geographische Schilderungen in beiden Prometheus 328; Anlage 329 f.; Charakter und Schuld des Prometheus 330; Zeus 331;
Προμηθεὺς λυόμενος III 318, 320 ff., 330 ff.;
Προμηθεύς, Satyrspiel III 291, A. 45, 311, A. 93;
Προπομποί III 339, A. 158;
Πρωτεύς III 334, A. 145;
Σαλαμίνιαι III 339, A. 158;
Σίσυφος δραπέτης III 343, A. 168;
Σίσυφος πετροκυλιστής III 282, A. 28; 285, A. 34; 320, A. 109; 343;
Σφίγξ III 334, A. 145;
Τοξότιδες III 282, A. 28;
Φιλοκτήτης III 425, 426, A. 185;
Φινεύς III 344;
Χοηφόροι III 334, A. 145;
Ψυχαγωγοί III 345, A. 171;
Ψυχοστασία III 195, A. 39; 342, A. 164; 344, auch A. 169;
Ὠρείθυια III 285, A. 34.
Aisopische Fabeln in byzantinischer Überlieferung I 379.
Aisopos, vertritt die phrygische Fabel I 371, A. 154; Heimat I 373 f.; sein

4 REGISTER.

Zeitalter I 374; ist eine historische Persönlichkeit, die der Sage verfallen I 375 f.; seine Reisen I 376; in der bildenden Kunst I 376; sein Wirkungskreis I 376 f.; Charakteristik seiner Dichtung I 377 f.; Träger der Handlung in der Fabel I 377; Fabel von der Weltschöpfung I 377; Aisopos schöpft aus älterer Überlieferung I 378; Überlieferung seiner Fabeln I 378 f.; Bildungsmittel für die Jugend I 379; seine Biographie fälschlich dem Maximus Planudes zugeschrieben I 375, A. 194.
Aithiopis des Arktinos II 48 f.
Aithra bei Hom. Il. Γ I 568.
Aitolier gelten als Barbaren I 37.
Aixone, das Theater daselbst nur für Komödien bestimmt III 23.
ἀκέων bei Homer bald Participium, bald Adverbium I 858, A. 153.
ἀκέφαλοι διάλογοι des Platon IV 470, A. 156.
Akestor III 610.
ἀκμή, Angaben über dieselbe in ihrem Werte für die Chronographie I 300; — der Schriftsteller in den Angaben der Alexandriner I 300; — nach Aristoteles I 300, A. 67.
ἀκροάματα I 213, A. 67.
ἀκροαματικά IV 476, A. 172.
ἀκροστιχίς I 248, A. 158.
ἀκτή, Getreide und Küste I 114, A. 167.
Akte (Epeisodien) in Auftritte zerfallend III 147.
Akteinteilung in der Tragödie III 145 ff.; in der mittleren Komödie IV 140, A. 54; bei Plautus und Terenz IV 126, A. 15.
Akusilaos II 402 ff.; Stellung zu Hesiods Theogonie I 973.
ἀκουσματικοί (Pythagoreer) II 433, A. 66; 436, A. 74.
Akustik im Theater III 38.
ἀκουστικοί (Pythagoreer) II 432, A. 66.
Ἀλαλκομενηΐς wird Athene nur vom Diaskeuasten genannt I 580.
ἀλείφειν = γράφειν I 203, A. 40.
Ἄλείπτρια des Antiphanes? IV 144, A. 65.
ἀλῆτις III 255, A. 11.
Alexamenos von Teos, als Vorgänger Platons IV 433; als Verfasser des Alkibiades I IV 469.
Alexander Aitolos IV 515.
Alexander, Aristobulos' II. Sohn, IV 565, A. 86.

Alexander von Aphrodisias zu Aristoteles περὶ οὐρανοῦ IV 485, A. 193; zu dessen Meteorologie 487, A. 206; zu dessen περὶ ἑρμην. 490, A. 218.
Alexander der Grofse und die Wirkung seiner Regierung auf Hellas II 469 f.; sein Einflufs auf die Geschichtsschreibung IV 325 f.; in der neueren Komödie IV 177; — und Aristoteles IV 473 f., 484 f.
Alexander, Sohn des Herodes und der Mariamne IV 565.
Alexander von Kotyaion I 908.
Alexander Polyhistor über Alkman II 239, A. 128.
Alexandersage des Mittelalters auf ihre Quelle zurückgeführt IV 327.
Alexandria, Sitz hellenistischer Kultur IV 511; Bevölkerung 512; Gelehrtenstand und Art der Polemik 513; allgemeine Charakteristik der alexandrinischen Dichtung, Idyll, Mangel eines empfängl. Publikums 514 f.; Bibliothek I 148, 215, 219, 263, 273, 274; Brand derselben I 149; seine Bedeutung für die Homerischen Studien I 905; Lykurgs Exemplar der drei Tragiker erworben III 72; verkünstelte, dunkele Ausdrücke I 357; Buchhandel I 219.
Alexandriner verbinden dichterische und gelehrte Studien I 171; ihre Stellung zur Orphischen Poesie I 396; Homerische Studien I 894 ff.; — ignorieren das Digamma bei Homer I 586 f.
Alexandrinische (IV.) Periode IV 511 ff.
Alexis aus Tarent, Rhapsode I 493.
Alexis, Komiker. Seine Geltung in weiterem Kreise IV 122, A. 2; bringt den Parasiten auf die Bühne IV 133, A. 32; IV 136, A. 41; Lebensumstände, Dauer seiner dichterischen Thätigkeit IV 150 ff.; Verhältnis zur älteren Komödie, Verwandtschaft mit Plautus IV 152 f.; persönliche Angriffe in seinen Stücken IV 153 f.; Stellung zwischen der älteren und jüngeren Komödie IV 154 f.; Zahl seiner Stücke, Stoffgebiete, Personen IV 155 ff.; Stil, Sprache, Metrik IV 157 ff.; benutzt den Eubulos IV 163, A. 158; Beziehung zu Platons Politeia (in der Γυναικοκρατία) IV 463.
Alexis' Komödien:
Ἀπεγλαυκωμένος IV 156, A. 125;
Ἀποβάτης IV 154, A. 112;

Ἀρχίλοχος II 194, A. 53;
Ἀσκληπιοκλείδης IV 156, A. 126; 157, A. 129;
Ἀσωτοδιδάσκαλος IV 156, A. 123; 157, A. 129;
Ἀτθίς IV 153, A. 110;
Βρεττία IV 156, A. 121;
Γυναικοκρατία IV 154, A. 115;
Δημήτριος IV 155, A. 117 u. 120; 157, A. 129; III 70, A. 243;
Διαπλέουσαι IV 156, A. 123;
Δρωπίδης IV 155, A. 120;
Εἰσοικιζόμενος IV 156, A. 123;
Εἰς τὸ φρέαρ IV 156, A. 123; 157, A. 129;
Ἑλένης μνηστῆρες IV 155, A. 118;
Ἐπιδαύριος IV 154, A. 111;
Θεοφόρητος IV 153, A. 108; 156, A. 123;
Ἱππεύς IV 151, A. 97;
Ἰσοστάσιον IV 157, A. 130;
Καρχηδόνιος IV 154, A. 116; 156, A. 121;
Κηρυττόμενος IV 156, A. 123;
Κνιδία IV 157, A. 129;
Κουρίς IV 152, A. 106;
Κρατεύας IV 151, A. 98; 155, A. 117; A. 120; 156, A. 126; 157, A. 129;
Κυβερνήτης IV 156, A. 125;
Λέβης IV 156, A. 126;
Λῖνος IV 152, A. 106;
Λυγκεύς IV 152, A. 104; 157, A. 127;
Μανδραγοριζομένη IV 156, A. 122;
Μάντεις IV 154, A. 114;
Μελωδρός IV 154, A. 116; 155, A. 117;
Μίδων IV 153, A. 109; 155, A. 120;
Μιλησία IV 156, A. 126; 157, A. 131;
Μίλκων IV 153, A. 109;
Ὀδυσσεὺς ὑφαίνων IV 152, A. 106;
Ὀλυμπιόδωρος IV 155, A. 120;
Ὀλυνθία IV 157, A. 130;
Παράσιτος IV 156, A. 125; 165, A. 172;
Ποιητής IV 156, A. 121;
Ποιήτρια IV 156, A. 121;
Πυθαγορίζουσα IV 153, A. 110; 157, A. 126;
Πύρκονος IV 153, A. 108;
Στρατιώτης IV 156, A. 125;
Σίτροφοι IV 154, A. 111;
Συρακόσιοι IV 156, A. 121;
Ταραντῖνοι IV 153, A. 110; 156, A. 121; 157, A. 126;
Τοκιστής IV 156, A. 125;
Τυνδάρεως IV 156, A. 122;
Τροφώνιος IV 156, A. 122;
Ὑποβολιμαῖος IV 151; 154, A. 113;
Φαιδρός IV 157, A. 129;
Φαρμακοπώλης IV 151, A. 97; 155, A. 117;
Φιλαθηναῖος IV 156, A. 123;
Φιλέταιρος IV 155, A. 117;
Φιλόκαλος IV 156, A. 123;
Φιλοῦσα IV 156, A. 124;
Φρύγιος, Φρύξ IV 155, A. 117.

Alkaios, Komödiendichter IV 105.
Alkaios, Lyriker II 272 ff.; Lebenszeit und Schicksale 272 ff.; Eltern 274, A. 8; Statue in der Villa Borghese 275, A. 9; Charakter 275; aristokratische Gesinnung I 176; Parteistandpunkt 276; Zug zur Geselligkeit 276 f.; seine Dichtung als Gelegenheitsdichtung 277; Gattungen seiner Lieder und Charakteristik 277 ff.; Knabenliebe; — und Sappho 279 f.; sein Verhältnis zum Stoff, Parallele mit Sappho 281 f.; metrische Form 282 f.; Wirkung seiner Dichtung; Alkaios und Horaz 284 f.; gelehrte Behandlung im Altertum 285, A. 43; Dialekt II 144; benutzt den hymn. in Mercur. I 764.
Alkaios' Bruder im Dienste Nebukadnezars II 11.
Alkaios, der Peloponnesier II 152, A. 145.
Alkibiades' Einfluss auf die Freiheit der Komödie IV 119, A. 213; — als Redner IV 351.
Alkidamas, Sophist IV 342; seine Schrift über das μουσεῖον zu Thespiai II 63, A. 91; sein Urteil über die Odyssee I 824; der Μεσσηνιακός IV 366, 367, A. 106.
Alkimos, beim Diaskeuasten ,Alkimedon' I 617, 621, 633, A. 277.
Alkmaion, Historiker, sein Dialekt II 396, A. 35.
Alkmaion, Pythagoreer IV 415.
Alkmaionis des epischen Kyklos II 42 f.
Alkman I 174; II 230 ff.: Name und Herkunft, Erziehung und Lehre 231; Grabmal und Statue 231, A. 104; Lebenszeit 232, A. 105; — Parthenien, Paiane, Hyporcheme 232 f., vgl. 115; iambisch-weltliche Dichtungen 333; Charakter seiner Poesie I 144; II 334 ff.; Fragm. 23 vgl. mit Hor. Od.

IV, 6 235, A. 115; Humor, Naturgefühl, Realismus 236; Stil, sprachliche Eigentümlichkeiten, Metrisches 237 f.; instrumentale Begleitung,Verbreitung und Wirkung seiner Gedichte 238 f.; Erklärer im Altertum 239, A. 129; Dialekt 144 f.; Vielseitigkeit 134; — Übereinstimmung mit Hesiods Theogonie I 972; Einflufs auf Horaz 235, A. 115 u. 116; 239, A. 129; seine Bedeutung in der Entwicklung der Lyrik II 223.
Allegorie in der Komödie IV 12, A. 40.
Allitteration in Sprüchwörtern, prosaischen Formeln, Beinamen der Götter, auch bei späteren Dichtern I 102, A. 140; im Drama III 154.
ἀλλόθροοι ἄνθρωποι bei Homer I 34, A. 4.
Ἀλόπη des Choirilos III 260, A. 29.
Ἀλῷα im Poseideon begangen III 17, A. 46.
ἀλοᾶν bildlich I 129, A. 209.
Alphabet, phrygisches, lykisches I 185, A. 2; von Caere I 187; der italischen Stämme I 190; Verhältnis zum griech. Alphabet I 200; jüngeres in seinem Einflufs auf den Homerischen Text I 858; alphabetische Verschiedenheiten auf Thasos, Kreta (Gortyn und Phaistos), Kerkyra I 185, A. 1.
Altattische Denkmäler I 72, A. 54 u. 55.
Alybas I 789 f.
Amazonen bei Homer II. Γ 144 I 568; — und Arktinos II 49 u. A. 54.
Ἀμαζονία = Αἰθιοπίς II 72, A. 16.
Amazonis II 72.
Ἀμβροσία = Ἀθήναια III 15, A. 42.
Ameinias, Aischylos' Bruder III 279.
Ameinias, Komiker IV 171, A. 2.
Ameipsias, Komiker IV 103; seine Κωμασταί IV 97, A. 145; sein Κόννος IV 79, A. 123; 63.
Amelesagoras II 408 f.
Amelios IV 568, A. 94.
Ammon (Ἀμοῦς) IV 573.
Ammonios I 906; — über Homercitate bei Platon I 894, A. 22; über die Ausgaben Aristarchs I 897, A. 30; zu Aristoteles περὶ ἑρμηνείας IV 490, A. 218.
ἀμοιβαῖα, Mannigfaltigkeit ihrer Form III 140, A. 459.
Ἀμφιάρεω ἐξέλασια (ἐξέλασις) II 40, A. 27; 41, A. 31 (vgl. 34, A. 8);

bei Pseudo-Herodot, vita Homeri IV 277, A. 114.
Amphibolie bei Sophokles III 443.
Amphidamas von Chalkis I 930, 955.
Amphiklos, Gründer von Chios und die Zeit des Homer I 468.
Amphiktyonenbund, thessalischen Ursprungs I 310.
Amphilytos, Weissager I 341.
Amphion I 404.
Amphis, Komiker IV 167; in seiner Γυναικοκρατία Beziehung zu Platons Politeia IV 463.
ἀμφισβητεῖν, anomales Augment II 472, A. 23.
Amphitryon, Dreifufs I 197, A. 31; 203, A. 42.
Amyklaiischer Altar I 484; — und die kyklische Dichtung II 62.
ἄν mit dem Optativ als Ausdruck des Befehls I 110, A. 157; — und κε in den Dialekten I 130, A. 214.
ἀναβάλλεσθαι vom Sänger I 433, A. 28.
Anabole, bei Melanippides II 531, A. 16, 537.
Anacharsis' Briefe II 414, A. 10 (im Text ist die Anmerkung fälschlich unter 9 mitgeteilt).
Anachronismen bei Homer s. Homerische Poesie, Charakteristik; — bei dem Diaskeuasten und den Fortsetzern der Homerischen Dichtung I 793, A. 23; in der Tragödie III 185.
ἀναγιγνώσκειν I 203, A. 40.
ἀναγραφὴ ἐν Σικυῶνι I 404, A. 266, 405; — Ἑλλάδος IV 507;
ἀναγραφαί, s. Prosadenkmäler.
Anakreon II 337 ff. Persönliches 337 ff. — Kenotaphion in Teos; Statuen 339; auf Vasenbildern und Münzen A. 27 und 28; Lebensrichtung 340 f.; Gattungen und Stoffgebiete seiner Dichtungen 342 f.; Erotik 343; fälschlich als Liebhaber der Sappho bezeichnet 343, A. 43; Bathyllos 344; Charakteristik seiner Dichtung 344 f.; Stil, Dialekt, metrische Form 346; Verbreitung und Wertschätzung 347; Anakreon in den gelehrten Studien des Altertums 347, A. 57; seine Elegien unter Theognis' Namen überliefert II 310; als Epigrammendichter II 177; Versmafse II 139.
Anakreonteen II 348 ff. Überlieferung I 240, II 348; Urteile früherer Zeit

349; metrische Form 349; Dialekt 350; Mangel an individuellem Leben, Kennzeichen später Entstehung 350f.; Eros und Genossen in den Gedichten und in der bildenden Kunst 351; Armseligkeit und Geschmacklosigkeit der Motive 352; Quellen der Nachahmung 352 f.; verschiedene Verfasser und Zeiten 352; zwiefache Bestandteile, auch metrisch unterschieden 353f.; erste und ältere Sammlung 355f.; zweites Liederbuch 356; Erweiterung des älteren Bestandes 357; moderner Charakter, Überschätzung 357 f.
Analogie als Princip der Aristarchischen Kritik I 900.
ἀναλφάβητος I 212, A. 64.
ἀναμένειν = καταλέγειν I 203, A. 40.
Ananios II 331.
Anapästische Verse in Klageliedern III 113 (vgl. 391), 120; mit melischen Versen wechselnd III 113, auch A. 390; freie, in der Tragödie III 113; in der Komödie III 114; Dimeter in der mittleren Komödie IV 143, A. 60, bei Antiphanes IV 149, in der Tragödie III 112 f.; Tripodie, gebräuchlichste Versform der älteren Poesie I 383; Tetrameter in der Komödie III 114; Tetrapodie die metrische Form des Sprüchworts I 364; anapästische und iambische Langverse des Schauspielers von der Mimik des Chors begleitet I 165.
Anaxagoras und die Homerischen Studien I 891.
Anaxandrides, Komiker I 251, A. 163; IV 135; 158ff.; 169, A. 193; — als Dithyrambendichter II 534, A. 30; 535; 544; III 56.
Anaxilas, Komiker IV 166, A. 177, A. 178.
Anaximandros II 426 f.; seine Weltkarte IV 272.
Anaximandros, der jüngere, über Homer I 891.
Anaximenes, Philosoph II 427 f.
Anaximenes, Historiker I 245; IV 326, 371, A. 121; 485.
Anaxippos, Komiker (Ἐγκαλυπτόμενος) IV 235.
Anchises und Aphrodite I 767.
Andokides IV 346 ff.: Biographisches 346 f.; Charakteristik und Würdigung

347 f.; περὶ τῆς ἑαυτοῦ καθόδου, περὶ μυστηρίων, περὶ τῆς πρὸς Λακεδαιμονίοις εἰρήνης 348f.; κατ' Ἀλκιβιάδου, als Fälschung nachgewiesen 349 f.
Androkydes über die ephesischen Formeln I 358.
Andromachos IV 565, A. 86.
Andron, einer der Vierhundert IV 447, A. 97.
Andron von Ephesos über die sieben Weisen II 413, A. 8.
Andronikos und Aristoteles' Nachlafs I 263, 275, 290; IV 480 (im Text fälschlich ‚Aristonikos'), 482, 483; zu Aristoteles περὶ ἑρμηνείας IV 490, A. 218; zu demselben ἀναλυτικά IV 491, A. 219; fälschlich als Verfasser von περὶ ἀρετῶν καὶ κακιῶν bezeichnet IV 566, A. 89.
Androtion, Ἀτθίς IV 322.
Anekdoten und Schwänke gesammelt I 360.
Anekdotensucht in der Litterarhistorie I 272.
ἀνελεῖν von Apollon I 202, A. 40; von der Pythia I 334, A. 54.
Anomalie als Princip der Kritik des Krates I 903.
Anonyme Schriftstellerei I 246; so herausgegebene Schriften beliebigen Verfassern beigelegt I 250, A. 161.
Anonymes Gedicht auf Koluthos II 357, A. 91.
Anonymos περὶ ὕψους I 250, A. 161; 281.
Ἄντεια des Antiphanes (?) IV 144, A. 65.
Antenor, Komiker IV 171, A. 2.
Ἀντ' εὐεργεσίης Ἀγαμέμνονα δῖσαν Ἀχαιοί IV 7, A. 20.
Anthas' Satzungen I 208, A. 53.
Anthes, Ἀνθάνα I 341, A. 63.
Anthesterien, im Anthesterion gefeiert III 14; Gliederung des Festes III 15.
Ἀνθεύς des Agathon, nicht Ἄνθος III 66, A. 227.
Anthropomorphistische Entwickelung der hellenischen Religion I 312 f.
ἄνθρωπος I 127, A. 206.
Antidoros (Autodoros, Antodoros) I 889, A. 11.
Antigoneidas II 495, A. 1.
Antigonos Gonatas in der neueren Komödie IV 177.

Antigonos von Karystos, Biographien von Philosophen I 277; — und die Homerischen Hymnen I 770, A. 72.
ἀντιλαβαί II 153, A. 504.
Ἀντιλαΐς IV 132, A. 30.
Antimachos' ψήφισμα τοῦ μὴ κωμῳδεῖν IV 118.
Antimachos von Kolophon II 492 ff.; seine Gedichte von Herakleides Pont. gesammelt I 262; im alexandrinischen Kanon I 285; Homerische Studien I 264. 592.
Antimachos von Teos als Verfasser der Epigonen II 42.
Antimenidas II 272, A. 2; 274.
Antiochos περὶ τῶν ἐν τῇ μέσῃ κωμῳδίᾳ κωμῳδουμένων ποιητῶν IV 139, A. 49.
Antiochos von Syrakus IV 241.
Antiphanes von Berga IV 131, A. 25.
Antiphanes aus Karystos (?) IV 231, A. 209.
Antiphanes, Komiker IV 143 ff.: Lebensumstände, Zahl seiner Stücke, Bühnenthätigkeit 143 ff.; Preise, Geltung in Athen 145; als Schauspieler thätig, in der Choregie vertreten 145; allgemeine Würdigung 146; Titel und Inhalt seiner Stücke 146 f.; persönliche und politische Beziehungen 148 f.; Sprache und Metrik 149; Wortspiele, Humor 148, A. 2. 149, A. 83; Wortneubildungen 149, A. 91; — Angriffe auf die Megariker IV 139, A. 48; — und Alexander d. Gr. IV 139; sein Οἰωνιστής von Menandros bearbeitet IV 200, A. 94.
Antiphon, Tragiker III 620.
Antiphon von Rhamnus IV 345 f.
Antiphon, Platons Halbbruder im Parmenides IV 465 f.
Antispast III 122, A. 407.
Antisthenes IV 341; Αἴας, Ὀδυσσεύς, Ὀρέστης 341, A. 45; περὶ Θεόγνιδος II 325, A. 103; Κῦρος ἢ περὶ βασιλείας IV 306, A. 195; gegen Isokrates für Lysias IV 361, A. 93; als Verfasser von Platons Menexenos? IV 458; als Gegner von Platons Ideenlehre IV 465, A. 150.
ἀντλεῖν, ἐξαντλεῖν bildlich I 129, A. 209.
Antyllos bei Stob. Floril. Cl I 225, A. 105.
ἅπαξ λεγόμενα bei Homer I 861.
ἄπειρον bei Anaximandros II 427, A. 51.

Apellikon, seine Bibliothek I 217; — und Aristoteles' litterarischer Nachlafs IV 478 f.
ἀπηύρα I 115, A. 169.
Aphareus, Isokrates' Sohn I 243, IV 373.
Apion I 907.
Aphobetos, Aischines' Bruder IV 401.
Aphthonios über die Tierfabel I 377, A. 198; rhetorisches Kompendium und Fabeln IV 557, 559.
ἀπόκινος III 166, A. 547.
ἀπόθετα (ἀπόκρυφα) ἔπη II 75, A. 2.
Apokryphe Epen und der alexandrinische Kanon I 285.
ἀπόκρυφος λόγος IV 575, A. 118.
ἀπολελυμένα II 164, A. 177; 141, A. 117; 165, A. 178; 530, A. 8; 531, A. 16; 538, A. 46.
Ἀπολιποῦσα des Diphilos oder Sosippos? III 73, A. 251.
Apollo und die religiöse Dichtung I 324.
Apollo-Dionysos in Aischylos' Bassariden III 345, A. 174.
Apollodoros aus Athen, Grammatiker, chronologische Arbeiten I 277, 465; bearbeitet die Schriften des Epicharm I 282; Studium der Homer. Hymnen I 770, A. 72; περὶ νεῶν καταλόγου I 905.
Apollodoros von Athen, Tragiker II 378, 144.
Apollodoros von Damaskos, Architekt IV 563 f.
Apollodoros, der ältere, aus Gela, Komiker IV 230, 235.
Apollodoros aus Karystos, Komiker IV 230 ff.; Ἑκυρά 231; Phormio (Ἐπιδικαζόμενος) 232; Γραμματειδιοποιός 232, A. 214; Γαλάται 233, A. 220.
Apollodoros, Verteilung der erhaltenen Komödientitel an die beiden gleichnamigen Komiker IV 230, A. 208.
Apollodoros κηποτύραννος, Epikureer I 172, A. 37.
Apollodoros von Kyzikos IV 454, A. 116.
Apollodoros, Sohn des Pasion, als Verfasser unter Demosthenes' Namen überlieferter Reden IV 393 f.
Apollodoros σκιαγράφος III 43, A. 141; — unter dem Einflufs der Tragödie III 177.
Apollonides von Nikaia περὶ κατεψευσμένης ἱστορίας I 253, A. 171.
Apollonides, Poseidonpriester zu Halikarnafs II 355, A. 6.

Apollonios, Lehrer des Antoninus Philosophus IV 551, A. 45.
Apollonios von Perga, Eukleides' Schüler IV 521, A. 29.
Apollonios von Rhodos im Urteil der Alexandriner I 287; als Homeriker I 895; verteidigt die Echtheit der Aspis I 997, A. 77.
Apollonios Sophista, λεξικὸν κατὰ στοιχεῖον τῆς τε Ἰλιάδος καὶ Ὀδυσσείας I 911.
Apollonios, Sotades' Sohn I 167, A. 28.
Apollonios von Tyana IV 416, A. 16; — und Skopelianos IV 547, A. 29.
ἀπόλογος = Fabel I 369, A. 176.
ἀπορία, rhetorische Figur, in der religiösen Lyrik gebräuchlich I 756, A. 36; im Eingang des Hymnus II 173, A. 201.
ἀπόστασις, rhetorische Figur, bei den Kyklikern II 59, A. 79.
Apostrophe bei Homer I 605, 616, 643.
Apotheose des Homer I 435; (Relief) I 974, A. 3.
Ἀπόθετος (νόμος) II 219, A. 56.
ἀποθνήσκω s. θνήσκω.
Appianos IV 542.
Appius Caecus bei Panaitios IV 534.
ἀπριάτην I 858, A. 153.
ἁψὶς ἀριστερὰ und δεξιὰ III 45, A. 146.
Apuleius, lat. Bearbeitung von Aristoteles περὶ κόσμου IV 495, A. 236; — fälschlich als Verfasser von περὶ κόσμου bezeichnet IV 564, A. 84.
Apuleius (Pseudo-), Asclepius sive dialogus IV 577.
Arabische Übersetzungen griechischer Werke I 155f.
Ἀραχνομαχία I 774, A. 85.
Araros, Aristophanes' Sohn, Komiker IV 164f.
Aratos, seine Astronomie illustriert I 236; im Urteil der Alexandriner I 287; als Homeriker I 895; — und Aristoteles' Meteorologie IV 467, A. 205.
ἀρβύλαι III 98, A. 335.
Archagathos = Caecilius von Kalakte IV 553, A. 52.
ἀρχαία Ἰλιάς I 699, A. 34; — κωμῳδία, bisweilen = παλαιὸν δρᾶμα IV 110, A. 198.
Archaische Verbalformen in der Atthis II 473, A. 25.
Archedikos, Komiker IV 173, 225.

Archelaos und die Litteratur in Makedonien II 459.
Archestratides IV 355, A. 70.
Archilochos, Ias I 59; im alexandrinischen Kanon I 285; Vortrag seiner Gedichte I 439, II 132; als Schöpfer iambischer Poesie II 118; diese wurzelt in der Redefreiheit des Demeterdienstes III 12; Archilochos' Epigramme (?) II 174, A. 208; Zeitbestimmung II 181; individueller Charakter seiner Dichtung II 162; persönliche Verhältnisse II 163 f.; Tod II 164; Vielseitigkeit II 185; satirische Dichtungen II 186; persönliche Angriffe II 186, A. 22; dramatischer Charakter seiner Poesie II 186 f.; Tierfabel und Verwandtes I 370, II 187; Wahl des Versmaßes II 187; religiöse Poesie, Iobakchen, Demeter-Herakleslied II 188 f.; das Herakleslied als Epinikion II 168; allgemeine Charakteristik seiner Dichtung II 189 f.; Beurteilung im Altertum II 190 f.; Vorzüge in Form und Inhalt II 191 ff.; metrische Eigentümlichkeiten II 136, 192 ff.; Popularität im Altertum II 193 f.; Einfluß auf die Litteratur bei den Griechen und Römern II 194 f.; in der Komödie II 194, A. 53, IV 225; als Gegenstand gelehrter Forschung II 195; — Elegie unter Theognis' Namen überliefert II 310; Erfinder des διαύλιον III 161, A. 528; citiert in Aristoteles (Theophrast) περὶ σημείων IV 502, A. 273.
Archimedes, Mathematiker IV 526 ff.; Biographisches, κοχλίας 526 f.; ἀρχαὶ πρὸς Ζεύξιππον, κύκλου μέτρησις, τετραγωνισμὸς παραβολῆς, περὶ ἕλικων, λήμματα, περὶ σφαίρας καὶ κυλίνδρου, περὶ κωνοειδέων καὶ σφαιροειδέων, περὶ ἐπιπέδων ἰσορραπικῶν, περὶ τῶν ὀχουμένων 527, 528, A. 58; ψαμμίτης 525, A. 48, 527, A. 50.
Archinos I 193, III 61, A. 212; als Redner IV 351; Gesetz über das neue Alphabet in Athen I 193; lautphysiologische Studien I 193, A. 21.
Archippos, Komiker IV 104; — Νῆσοι IV 88, A. 128; Νιόβος IV 89, A. 132; sein Ἀμφιτρύων und Plautus' Amphitruo IV 123, A. 8.
ἀρχιτέκτων s. Theaterpächter.

Archon, sein Einfluſs bei Vergebung der Schauspieler III 91, auch A. 314; gesetzlich gegen Beleidigungen durch die Komödie geschützt IV 117; erster und zweiter, ihre Befuguis bei den Lenaien IV 49, A. 19.
Archonidas IV 40.
Archytas, Pythagoreer, ὁ πρεσβύτερος (ὁ ἁρμονικός) IV 416 f.; Briefwechsel mit Platon IV 419.
Ardalos II 218.
Ardys II 178, A. 2.
Areas II 205, A. 9.
Areios Didymos IV 566.
Ἄρεως ὀρχήστρα Ι 326, A. 32.
Aresas, Nachfolger des Pythagoras IV 416.
Aretadas περὶ συνεμπτώσεως Ι 169, A. 34.
Arete (Hipponax) II 328.
Ἀρέθουσα, Apellativum I 463, A. 46.
Argas II 166, A. 152, 543.
Argonauten des Epimenides II 77.
Argonautenzug, als Stoff ältester Dichtung I 148, 348, 510, A. 51.
Ἀργοναυτικά (Orpheus) I 401, A. 250.
Argos' Bedeutung in musischer Beziehung (während der II. Periode) II 20, 207, A. 17.
ἀρι- und ἐρι- in Kompositis I 854, A. 144.
Arignote, mystische Schriften II 87, A. 38.
Ariobarzanes aus Kilikien IV 546, A. 22.
Arion, Neuerungen in der Behandlung des Nomos II 164; Zeitalter und Leben II 239; Sage von seiner Rettung II 210; Hymnus auf Poseidon II 240 f.; dichterische Thätigkeit, Ausbildung des Dithyrambus II 224, 241 f., III 253; Bedeutung für den kyklischen Chor II 507, A. 29, III 252.
Ariphrades' Kritik der zeitgenössischen Tragiker III 102, A. 354.
Ariphron II 543.
Aristagoras' (?) Μαμμάκυθος IV 103, A. 171; Πίναξ IV 272, A. 98.
Aristaios, Nachfolger des Pythagoras IV 416, 419.
Aristarcheer, ihre Polemik IV 513.
Aristarchus von Samos, Astronom IV 524 ff.
Aristarchos von Samothrake, Ansichten über das Alter der Schrift I 196; ästhetische Kritik des Homer I 280; über Homers Abstammung I 449;

gegen die Chorizonten I 511; πρὸς τὸ Ξένωνος παράδοξον I 596, A. 27; Homerische Thätigkeit und Charakteristik im allgemeinen I 897 ff.; kritische Zeichen I 897, A. 31; Athetesen I 901; ἐκτοπισμός I 902, A. 40, vgl. 904; Exegese I 903; Textrecensionen und die Vulgata I 904.
Aristarchos, Tragiker III 24, A. 73, 143, A. 474, 602 f.
Aristeas von Prokonnesos I 406, II 99 f., 400, A. 5.
Aristeides Rhet. über Herodot IV 252, A. 49; ἀντιρρητικὸν gegen Isokrates περὶ εἰρήνης IV 369, A. 114; — ῥητορική IV 557 (vgl. 550).
ἀριστερὰ γράμματα διδάσκειν I 195, A. 27; — ὃς ποῦς I 356, A. 216.
ἀριστεροστάτης III 79, A. 276.
Aristias, Tragiker III 227, A. 101, 267 f., 602, IV 500.
Aristippos, περὶ παλαιᾶς τρυφῆς IV 412, A. 2.
Aristippos von Kyrene IV 412, A. 2.
Aristobulos I 242 f., IV 326 f., 534 f.
Aristodemos, Schauspieler III 91, 92, A. 318.
Aristodemos, Γελοῖα ἀποφθέγματα IV 133, A. 32.
Aristogeiton, Redner IV 406.
Aristokleia I 333, A. 50.
Aristokleidas II 217.
Aristokrates, zum Tode verurteilt IV 444, A. 91.
Ariston, Plagiator, s. Eudoros I 169 f.
Ariston, Sophokles' Sohn III 364, A. 31 u. 32, 610.
Aristomenes, Komiker IV 102 f.
Aristomenes, Schauspieler unter Hadrian IV 110, A. 198.
Aristonikos von Argos II 124, A. 53.
Aristonikos περὶ σημείων I 906.
Aristonika I 333, A. 50.
Aristonymos, Komiker IV 104.
Aristophanes, Komiker: Abstammung IV 71 f.; Geburtszeit, Beginn dichterischer Thätigkeit IV 72 ff.; Lebensu. Familienverhältnisse IV 75, 164 f.; Bildnisse IV 75; Beteiligung an der Didaskalie, sein Verhältnis zu Kallistratos und Philonides IV 76 f.; ob als Schauspieler aufgetreten IV 76, A. 115; Zahl seiner Stücke, Art seines Schaffens IV 78 f.; arbeitet für Lenaien oder Dionysien je nach dem Stoff IV 79 f.; Aufnahme seiner

Dramen bei Publikum oder Preisrichtern IV 80; Bedeutung seines Nachlasses für seine Beurteilung IV 80f.; allgemeine Charakteristik IV 69ff.; seine Art zu charakterisieren IV 91f.; Namenbildungen IV 91, A. 134; die drei Einheiten IV 92ff.; Parabase IV 93f.; persönl. Angriffe, Obscönes, Sprache, Metrik IV 94f.; ästhetisch kritisierend I 267; Kunstcharakter in seiner Lyrik III 118; seine Ansicht darüber, welches die ältesten Dichter sind I 392; seine Atthis I 74.

Aristophanes' Komödien:
Ἀμφιάραος IV 89;
Ἀνάγυρος IV 89;
Ἀχαρνῆς IV 82, 92 auch A. 137;
Βαβυλώνιοι IV 81;
Βάτραχοι I 176, III 68, IV 455;
Γεωργοί IV 87;
Γῆρας IV 88;
Γηρυτάδης IV 88;
Δαίδαλος IV 89;
Δαιταλῆς IV 81;
Δαναΐδες IV 89;
Εἰρήνη I 251, IV 84;
Ἐκκλησιάζουσαι III 149, A. 488, IV 123, 85, 86, 462;
Ἥρωες IV 89;
Θεσμοφοριάζουσαι IV 84;
Ἱππῆς IV 82;
Κένταυρος IV 89;
Κώκαλος IV 165, 188;
Λημνιάδες IV 89;
Λυσιστράτη IV 120, A. 214 u. 215, 83, 93;
Ναυαγός IV 89, A. 133;
Νεφέλαι I 251, IV 82, 83;
Νῆσοι IV 88;
Νίοβος IV 89;
Ὁλκάδες IV 88;
Πελαργοί IV 89;
Πλοῦτος I 251, III 149, A. 488, IV 123, 85;
Ποίησις IV 89, A. 133;
Πολύειδος IV 89;
Προαγών IV 88;
Σκηνὰς καταλαμβάνουσαι IV 88;
Σφῆκες IV 83;
Ταγηνισταί IV 88;
Τελμησσῆς IV 89;
Τριφάλης IV 88;
Φοίνισσαι IV 89;
Ὧραι IV 89.

Aristophanes von Byzanz, παράλληλοι Μενάνδρου I 169, A. 32, IV 700, 214, A. 14; Ergänzungen zu Kallimachos' Katalog I 274, A. 17; ästhetisch kritisierend I 280; Platonische Studien I 283, A. 37; Sprüchwörtersammlung I 364; Homerische Studien I 896f.; zu Euripid. Andromache III 541, A. 230; Trilogieneinteilung der Platonischen Dialoge IV 436; Fortsetzung von Aristoteles' *Νῖκαι* IV 498.

Aristophon, Komiker. Πειρίθοος, Πυθαγοριστής, Ἰατρός IV 167, auch A. 184, 185.

Aristophon, Redner IV 351.

Aristoteles IV 472ff.; Biographisches und Persönliches, Reisen 472ff.; politische Stellung 474; Universalität, Methodik, Arbeitskraft, Unbefangenheit des Urteils 474f.; Lehrweise (περιπατητικοί) 476f.; Schicksale seines litterarischen Nachlasses 477ff.; Titel seiner Schriften unsicher I 223; systematische Folge seiner Schriften, Selbstcitate IV 481; philosoph. Selbstbewußtsein 481f.; Dialoge und systematische Werke 482f.; Schriftenverzeichnis, Echtheit und Unechtheit 483; politische Schriften für Philipp 483f.; desgl. an Alexander 484f.; sonstige Schriften 485ff.; ob auch Lyriker in den Didaskalien behandelt? 495, A. 245; Sprache des Aristoteles 500f.; auch poetisch thätig, Bekanntschaft der Späteren mit ihm I 290; Schriftenverzeichnis bei Suidas I 293; unter seinem Namen überlieferte Schriften zum Teil unecht I 249; Einteilung seiner Werke in πραγματεῖαι IV 480, A. 181; Einteilung in Bücher I 228; einige Schriften nicht in ursprünglicher Fassung, sondern in der Bearbeitung seiner Schüler überliefert I 252; Homerische Studien: Προβλήματα Ὁμηρικά mit Unrecht verdächtigt I 269; über den Margites I 775; ἡ ἐκ νάρθηκος I 593f.; Ansichten über die Episoden I 816; über Komposition u. Charakter der Homerischen Gedichte I. 821, 830; als Nachfolger des Pythagoras IV 416; als Kritiker philosophischer Systeme I 268; fälschlich beschuldigt ein Schisma der Platonischen Schule herbeigeführt zu haben IV

423; Stellung zu Platons Ideenlehre IV 468, A. 150; Zeugnisse für die Echtheit von Platons Hippias IV 450, A. 104; für die des Menexenos IV 458, A. 124; für die des Parmenides IV 467, A. 145; für die des Protagoras IV 441, A. 54; litterarhistorische Forschung I 269 f.; Urteil über Orphische Dichtung I 394; über die ältere Komödie IV 112; über Sprüchwörter I 366, A. 167, 168; Lehre von den dramatischen Einheiten III 201 ff.; — und die Rhetorik IV 375 f.; — ἀναγνωστής IV 475; seine Anschauungen über den ursprünglichen Zusammenhang religiöser Vorstellungen verschiedener Völker I 311; — über den Gegensatz zwischen Barbaren und Hellenen I 36.

Aristoteles' Schriften:
ἀναλυτικά I 224, A. 104, IV 480, A. 151, 481, A. 183, 489, 490;
ἀπορήματα Ὁμηρικά I 894;
διδασκαλίαι IV 497 f., III 63;
δικαιώματα πόλεων IV 483;
ἐπιστολαί IV 496 f., πρὸς Ἀλέξανδρον IV 476, A. 172;
ἠθικὰ μεγάλα (Νικομάχεια) I 224, IV 493 f., 507, A. 250;
θέσεις IV 489, A. 214;
κατηγορίαι IV 477, A. 176, 480, A. 151, 483, 489.
λογικὴ πραγματεία IV 488, A. 211;
μεθοδικά IV 489, A. 214;
μετεωρολογικά IV 479, A. 179, 486 f., 502, A. 272, 503, A. 273;
Νήρινθος IV 432, A. 62.
νίκαι Διονυσιακαί IV 495 f., III 63, A. 215;
οἰκονομικός IV 495 f.;
παρὰ τὴν λέξιν IV 489, A. 214;
περὶ ἀποικιῶν IV 484;
περὶ ἀρετῆς oder περὶ ἀρετῶν καὶ κακιῶν IV 494;
περὶ βασιλείας IV 484;
περὶ γενέσεως καὶ φθορᾶς IV 486, auch A. 197;
περὶ ἑρμηνείας IV 477, A. 176, 480, A. 151, 483, 489, 490;
περὶ θαυμασίων ἀκουσμάτων IV 495, A. 237, 496;
περὶ κόσμου IV 494 f. 564 ff.;
περὶ κόσμου γενέσεως IV 494 f.;
περὶ μετάλλων I 226, A. 156;
περὶ οὐρανοῦ IV 485 f., 566, A. 87;

περὶ ποιητῶν I 270;
περὶ σημείων IV 502, A. 273;
περὶ σοφιστικῶν ἐλέγχων IV 489, 491;
περὶ στοιχείων IV 486, A. 197;
περὶ συλλογισμῶν IV 489, A. 214;
περὶ τραγῳδιῶν III 63, A. 215;
περὶ τῶν δίκα γενῶν IV 490, A. 217;
περὶ τῶν καθόλου λόγων IV 490, A. 217;
περὶ ποιητικῆς I 270;
πολιτεῖαι I 225;
πολιτικά IV 482;
πολιτικός IV 482, A. 183;
πρὸ τῶν τόπων IV 490, A. 217;
προβλήματα IV 496;
προβλήματα Ὁμηρικά s. ἀπορήματα.
πρὸς τὰ Μελίσσου, πρὸς τὰ Ζήνωνος κτλ. IV 492 f., 505, A. 277;
ῥητορικά IV 481, A. 152, 482;
ῥητορικὴ πρὸς Ἀλέξανδρον IV 376 f., 485;
σοφιστής IV 483, A. 185;
τὰ μετὰ τὰ φυσικά IV 480, A. 151, 492;
τοπικά IV 481, A. 152 u. 183, 489, 491;
χρεῖαι IV 496.

Aristoteles' (Pseudo-) Abhandlung über die eleatische Philosophie I 232.
Aristoxenos von Selinus IV 3 f.
Aristoxenos aus Tarent IV 506; als Bearbeiter von Praxidamas I 265; bei Athen. XIV 632 A I 40, A. 13; bei Eusebios XV 2 IV 423, A. 42.
Aristyllos der ältere IV 522, A. 34.
ἀριθμοὶ und ὀνόματα bei den jüngeren Pythagoreern IV 455, A. 117.
Ἀρκάδας μιμούμενοι IV 98, A. 152.
Arkader im Schiffskatalog I 561.
ἄρκευθος bei Musaios II 80, A. 21.
Arktinos von Milet II 47 ff.; angeblich Verfasser der Titanomachie II 36; Abhängigkeit von II. Ψ I 644.
ἄρκτος zur Bezeichnung des Gestirns Fremdwort III 111, A. 161.
Ἀρκύτια ὄρη IV 274, A. 101.
Ἀρμάτειος νόμος II 295, A. 76.
Armenische Übersetzungen griechischer Werke I 155.
ἀρῳδός = ῥαψῳδός I 491, A. 27.
ἀρουν in bildlicher Bedeutung I 129, A. 209.
Arrianos IV 539 ff.; Ἀλανική IV 540, A. 12; ἀνάβασις Ἀλεξάνδρου IV 541; Βιθυνικά IV 542; διατριβαὶ Ἐπικτήτου IV 540; ἔκταξις IV 540, A.

12; ἐγχειρίδιον IV 540; Ἰνδικά IV 541; κυνηγετικός IV 541; ὁμιλίαι IV 541; Παρθικά IV 542; περίπλους Εὐξείνου πόντου IV 541; τακτική IV 540, A. 12; τὰ μετ' Ἀλέξανδρον IV 541.
Ἀρταχίη I 684.
Artavasdes und das griechische Drama III 171.
Artemidoros, ὁ ὀνειροκριτικός, Einteilung seiner Schriften in Bücher, von ihm selbst herrührend I 229.
Artemidoros Capito, seine Willkür in der Behandlung des Textes des Hippokrates I 251.
Artemidoros von Ephesos, benutzt den Agatharchides IV 579, A. 22.
Artemisia veranstaltet einen rednerischen Wettkampf I 179.
Artemistempel zu Ephesos, Brand IV 487.
Artemons Briefsammlung des Aristoteles I 282.
Artemon aus Kassandreia, bibliographisches Handbuch I 276; Sammlung Aristotelischer Briefe IV 496f.
Artemon von Klazomenai I 890, A. 11.
Artikel, sein Gebrauch bei Hesiod I 968, A. 9.
Asciburgium und Odysseus bei Tacitus I 810, A. 52
Ἀσιὰς κιθάρα II 217, A. 46.
ἄσιγμος ᾠδή des Lasos I 104, A. 144.
Asios von Samos II 70; zwei Distichen von ihm II 176, A. 213; parodischer Ton in ihm II 329.
Asioten (Ἡσιονεῖς) I 40, A. 12.
Asklepiades von Myrlea I 283, A. 37.
Asklepiades' aus Tragilos (Isokrateer) τραγῳδούμενα III 179, A. 6, IV 374.
Asklepiadeisches Versmafs II 283, A.39.
Asklepios in den hermetischen Schriften IV 571ff.
Asklepios sive dialogus Hermetis Trismegisti IV 577.
Ἀσκληπιοῦ ὅροι πρὸς Ἄμμωνα βασιλέα IV 574, A. 114.
Ἀσκρηνός IV 527, A. 52.
ἀσκωλιασμός III 255, A. 12.
ἄσμα auch von der musikalischen Komposition II 504, A. 20.
Asopodoros IV 4, A. 10.
Aspasia II 455; — und Platons Menexenos IV 460.
Aspendos I 48.
Ἄσφακες I 48, A. 34.
Aspiraten im griech. Alphabet I 186.
Aspiration in ihrer Entwicklung I 97f.

Assarhaddon u die kyprischen Fürsten um 670 II 45.
Assyrer in Berührung mit Hellenen II 10f.; — nach Babrios Erfinder der Fabel I 372.
Asteris, Insel in der Odyssee I 785.
Asteropaios I 565.
Ästhetische Kritik im Altertum I 266 ff.; seitens der Philosophen I 279 f.
ἀστιγές I 235, A. 134.
Aston von Kroton, Pythagoreer II 441, A. 86.
Astydamas der ältere und jüngere III 619; — des älteren Bildsäule im Theater zu Athen III 38.
Astylos von Kroton II 514, A. 2.
Atalantes Wettlauf mit Hippomenes von Hesiod erzählt I 1004, A. 88.
Ate in der Tragödie III 192.
Atellana als Ersatz des Satyrdramas bei den Römern III 243, A. 157.
Athanas aus Syrakus IV 320.
Athen, Bibliotheken I 216; — und das neue Alphabet I 193; — und die Litteratur im altgriech. Mittelalter II 20; als Mittelpunkt der Litteratur II 450; Anziehungskraft II 456f.; zur Zeit des Perikles II 462; nach dem peloponnesischen Kriege auf geistigem Gebiete II 466ff.
Ἀθηναία, Ἀθηνᾶ II 474, A. 27.
Athenaios als Quelle für Suidas I 294, A. 54; — für die mittlere Komödie IV 123, A. 7.
Athenagoras, Platoniker IV 563.
Athener im Schiffskatalog s. Menestheus.
Athenion, Σαμόθρακες IV 236, A. 232.
Athenion, Peripatetiker (Aristion) IV 236, A. 232.
Athenis und Hipponax II 327f.
Athenische Feste, verbunden mit der Aufführung lyrischer Poesien II 500.
Athenisch - spartanische Kämpfe im griechischen Mittelalter II 9.
Athenodoros gegen Zoilos I 892.
Athenokles, Komiker IV 171, A. 2.
Atrestidas bei Theophilos, Komiker IV 168.
Ἀττάλεια, Handschriften I 282, A. 36.
Atthis, ältere u. jüngere II 473f.
Atthiden IV 321f.
Atticismus, seine Urbanität I 78, A. 76; die Periode seiner Herrschaft bis 300 v. Chr. II 447ff.
Ἀττικά, Handschriften des Platon I 282, A. 36; — γράμματα I 193, A. 20.

Attiker, charakteristische Eigentümlichkeiten derselben II 451 ff.
Ἀττικιανά (Handschriften) I 252, A. 36.
Attikos, Abschreiber I 236.
Attische Litteratur, ihrem Umfange und organischen Entwicklung nach II 459 f.; — Dialekt I 72 ff.; Verhältnis zur Ias, Entwicklung zur Selbständigkeit 72; allgemeine Charakteristik 73; charakteristische Eigentümlichkeiten 73 f.; ältere und jüngere Atthis, *ΤΤ* wieder durch *ΣΣ* verdrängt 74; *ΡΣ* durch *ΡΡ*, *ξύν* durch *σύν*, *ΑΙ* und *ΟΙ* durch einfache Vokale, *Η* durch *ΕΙ* ersetzt, *Νέφελκυστικόν*, Hiatus 75 f.; Wandlungen und Varietäten 76; Verhalten des attischen Dialekts fremden und nichtgriechischen Einflüssen gegenüber 76 ff.; Neubildungen neben altertümlichem Besitz 77; Urbanität 77 f.; während der dritten Periode II 470 ff.; — Litteratur unter dem Einfluſs der Zeitverhältnisse II 46 ff.
Auftreten und *Abtreten* der Personen im Drama markiert III 210 f.
αὐλεῖν (αὐλητής) vom Komponisten II 504, A. 20, III 157, A. 514.
αὐληταί zur Bezeichnung des kyklischen Chors II 508, A. 31.
αὐλός bei Homer II 121, A. 46; — χορικός — Πυθικός (Πυθαύλης) III 157, A. 515.
αὐλῳδία II 125, A. 59.
Ausgaben, neue, von den Verfassern veranstaltet I 252.
Ausonius und Hesiod I 1008, A. 101.
Aussprüche berühmter Männer nach ihrem Werte und ihrer Authenticität I 259.
Auszüge als Ursache für den Verlust des Originals I 252 f.
αὔταυτος I 56, A. 11.
Autochthonie der Hellenen I 308.
αὐτοκάβδαλοι III 9 f., A. 16.
αὐτός ἔφα II 434, A. 70.
ἄξιον Ἐφεσίοις ἡβηδὸν ἀποθανεῖν κτλ. (Herakleitos) IV 414, A. 10.
Axionikos, Komiker IV 168.
Axiopistos als Verfasser von Ψευδεπιχάρμεια IV 35, A. 51.
Axiothea IV 432.

Babrios' Bearbeitung Aisopischer Fabeln I 379.
Βαχχικά des Nikias? II 92, A. 52; — ἔπη des Musaios? II 81, A. 23.
Bakchylides II 527 f.; im alexandrinischen Kanon I 286; Hochzeit des Keyx I 1007, A. 96; Versmaſse II 138; Dialekt II 145; des Simonides' Schwestersohn II 361; als Nachahmer des Simonides II 376.
Bakis I 341 f.; Etymologie des Wortes I 342, A. 86.
βακτηρία (καμπύλη) III 362, A. 19.
βαλανηφάγοι I 337, A. 66.
Balbilla I 165, A. 25.
balbus, etymologisch ohne Zusammenhang mit βάρβαρος I 34, A. 3.
βάραγχος mundartlich = βράγχος I 54, A. 5.
Barbarentum und *Hellenentum*, Entwicklung des Gegensatzes zwischen beiden I 35 f.
Barbarismus I 112, A. 162.
βάρβαροι, Umfang und Bedeutung des Begriffs I 34; Wort und Begriff seitens der Ägypter von den Hellenen entlehnt (?) I 34, A. 3; Ersatz des Wortes bei Homer I 34, A. 4.
βαρβαρόφωνοι bei Homer I 34, A. 4.
Barbiton II 123.
Barytonie, beibehalten in der Aiolis I 13, 62.
Basileides aus Tyros IV 522, A. 33.
Basileides, Lehrer des Antoninus Philosophus IV 551, A. 45.
Basilios, Basilikos, Verfasser Pseudo-Anakreontischer Poesie (?) II 353, A. 80.
βατάνιον s. πατάνη.
Baton, Komiker IV 235.
βαυκάλημα s. Wiegenlied.
Baumrinde als Schreibmaterial I 207.
Bearbeitungen älterer Stücke zu neuen Aufführungen III 68.
βέδυ, phryg. = ὕδωρ I 42, A. 18.
Begleitung, musikalische, des Gesanges im Zeitalter des Epos I 433.
Beiworte der epischen Poesie, ihrem Ursprunge nach gröſstenteils vorhomerisch I 382; — in der lyrischen Poesie II 109, A. 8.
Bendis, in der Orphischen Dichtung II 86, A. 36.
Bentley über die Phalarides I 242, A. 145.
βερβέριον I 34, A. 3.
Bias, περὶ Ἰωνίας II 414, A. 10.
βιβλίον, βιβλιοπώλης I 217, A. 82.
Bibliotheken, öffentliche, im Besitze von Privatleuten I 215; in den

Municipalstädten, in Rom I 217;
s. auch Alexandria und Athen.
Bilder der Autoren in Bibliotheken
I 174, A. 42.
Biographische Überlieferung, ihre Mangelhaftigkeit I 258 f.; — Quellen
I 291.
Bion von Prokonnesos I 253, A. 167;
II 401 f.
βίος Ἀλεξάνδρου τοῦ Μακεδόνος IV 327.
βίος Ἑλλάδος IV 507.
Bleiplatten s. Schreibmaterial.
βοηλάτας, διθύραμβος II 505, A. 23.
Boethios, Übersetzung des Eukleides
IV 523, A. 37; —, zu Porphyrios'
Kommentar des Iamblichos IV 569,
A. 97.
Boethos IV 563.
Boio I 357; — (oder Βοῖος) als Dichterin einer ὀρνιθογονία I 165, A. 24.
Boioter im Schiffskatalog I 564.
βοιωτιάζειν I 119, A. 180.
Boiotien, Land und Leute I 914 f.
Boiotische Mundart I 54.
Boiotos aus Syrakus II 489.
Bolissos I 777.
Borgiasche Tafel s. C. I. Gr. 6129.
βωστρέω, auch in der attischen Volkssprache I 860, A. 154.
Bote in der Tragödie III 208.
Brachylogie des dorischen Stammes
I 19, A. 20.
Branchos' von Milet Beschwörungsformel I 358.
Branchidenorakel zu Milet I 339, A. 79.
Brauron, Rhapsodenwettkampf daselbst
III 23, A. 70.
Brauron, Rhapsodenvortrag daselbst
I 499, 748, A. 21; III 23, A. 70.
Briefliteratur und litterarische Fälschung I 242.
βροντεῖον III 43, A. 140.
Brontinos v. Metapont II 87. 91 f.
Buchdramen im Ausgange des Altertums III 170.
Buchhandel I 217 ff.; — in Alexandria,
s. Alexandria.
Buchhändlerhonorar I 180.
Buchtitel I 220 ff.; —, gleiche, zur
Bezeichnung verschiedener Schriften
I 223 f.
Bücher, mit dem Toten verbrannt
I 275, A. 20.
Büchermarkt in Athen I 217; —preise
I 218 f.; —sammlungen I 214 ff.,
s. auch Bibliotheken.

Buchstabenformeln I 358, A. 144.
Bühnenausstattung III 40 ff.; —, einfacher bei Sophokles als bei Aischylos, bei den Griechen als bei den
Römern III 44.
Bühnengesänge III 139 f.
Bugonia des Eumelos II 69.
Bularchos II 178, A. 2.
Bunarbaschi an der Stelle des alten
Ilion I 784.
Bupalos und Hipponax III 327.
Βουκάτιος, Monatsname I 953, A. 30.
βουλευτικός (τόπος) III 46, A. 154.
βουστροφηδὸν γράφειν I 194.
βυσσοδομεύειν I 722, A. 190.

Caecilius aus Kalakte I 281, IV 553 ff.
Caecilius, röm. Komiker, und seine
griech. Vorbilder IV 185.
Caecilius Niger IV 553, A. 52.
Caesuren in der Ilias und Odyssee
I 732, A. 9.
Camenae I 322, A. 21.
Capitolinischer Brand und die Sibyllinischen Weissagungen I 345.
Carmen Nelei II 63, A. 90; — Priami
II 63, A. 90.
Cassius Dio IV 542 ff.
Cassius Longinus IV 558 f.
Cato benutzt die Σικελικά des Philistos
IV 321, A. 240.
Catull, c. 61, metrische Ungleichheiten
in der ersten u. zweiten Hälfte III
152, A. 501.
Celer s. Dionysios von Milet.
Cento, Homerischer II 487, A. 2.
Chairemon II 495. III 620.
χαλκαῖ δέλτοι I 208, A. 52; — διφθέραι I 208, A. 54.
Chalkis-Eretria, Krieg, II 8, A. 8; 9, 184.
Chamaileon aus Herakleia IV 507;
über den Vortrag der Homerischen
Dichtung I 436; über Alkman II 239,
A. 128; περὶ Λάσου II 377, A. 147;
περὶ σατύρων III 236, A. 124; περὶ
Σιμωνίδου II 358, A. 95; über
Stesichoros II 288, A. 48; περὶ τῆς
ἀρχαίας κωμῳδίας IV 13, A. 42;
bei Athen. I 407 A B; II 487, A. 3
u. A. 6.
Charaktere und Charakteristik in der
Tragödie III 199 ff.
Charaxos I 374, A. 192.
Chares von Mitylene, Historiograph
Alexanders d. Gr. IV 326.
Charikles in Platons Gorgias als Kal-

likles eingeführt, seine politische Thätigkeit IV 447.
Charisios, Redner IV 409.
Charmides IV 448, A. 99.
Charon von Lampsakos IV 240.
Charondas und die Erziehung II 14; — und das Stadtrecht von Katana II 356f., 387, A. 10.
χάρτης I 218, A. 82.
χάρται, zu unterscheiden von den διφθέραι I 209, A. 60.
χειροσκοπικά, fälschlich dem Musaios zugeschrieben II 60, A. 23.
χελιδόνισμα s. Schwalbenlied.
χέλυς = λύρα II 123, A. 48.
Chersias von Orchomenos I 989, A. 61. II 71.
Chionides IV 13. 24. 46; seine Lustspiele überarbeitet III 70, A. 242.
Chios, Kolonisation I 468, A. 55; seine Ansprüche auf Homer I 454, 457; als Heimat der scherzhaften pseudohomerischen Gedichte I 777.
χλωρὸς im Homerischen Sprachgebrauch I 842, A. 117.
Χόες, Choen III 11. 15.
χοινικομέτραι I 337, A. 66.
Choirilos aus Athen, Tragiker III 260.
Choirilos der ältere, aus Samos I 142, II 490ff.; im alexandrinischen Kanon I 285.
Choirilos der jüngere, aus Iasos II 485f., III 260, A. 29.
χωλίαμβος II 331.
Chor, lyrisch-kyklischer II 135f., 507, A. 29; 508, A. 31; 533; lyrischer, Zahl der Mitglieder II 135, A. 99; dramatischer, Bedeutung und Entwickelung III 214f.; bei Sophokles III 360; verschwindet aus der Komödie III 245; Einübung durch den Dichter III 52; Zusammensetzung und Zahl der Choreuten III 74, A. 264. 75ff. 198. 336; Auftreten und Standort III 130ff.; Motivierung seines Auftretens III 135; sein Aufmarsch III 77f.; bleibt nicht immer bis zum Schluſs gegenwärtig III 135; antistrophische Gliederung und freiere Bildungen III 151; Responsion der antistrophischen Teile III 152; Epode als Abschluſs des Chorgesangs III 151; Refrain III 153; — anzunehmen zur Herstellung der Responsion in den Eumeniden, den Persern, im Oidipus Koloneios

III 153, A. 503; Gliederung der Parodos in Aischylos' Septem III 151, A. 499; Begleitung, musikalische III 157; Einfachheit derselben bei Phrynichos u. Aischylos III 158; Veränderung des Charakters der Musik III 159; Flöte, das eigentl. Instrument dramatischer Aufführungen III 157; Zahl der Flötenspieler III 157, A. 510; Kithara als Begleitung III 158; Unterscheidung von Parodos und Stasimon III 131ff.
Choragische Monumente II 506.
Chöre, Zahl derselben an den attischen Festen II 502, A. 15; von Frauen II 508, A. 31; zum Vortrag religiöser Poesie III 111.
Choreg, sein Verhältnis zum Dichter III 52; seine Verpflichtungen III 74; als vierter Schauspieler III 84.
Choregie, lyrische II 502ff.; Verlosungen und Recht der Auswahl bei Dichtern u. Komponisten II 503, A. 19; δῆμος als Choreg II 503, A. 19; Kosten II 503, A. 16; 509, A. 31; zur Zeit des jüngeren Melos II 503, A. 24; — dramatische III 73ff.; Verpflichtung vom Vermögen abhängig III 73, A. 254; Kosten III 74, A. 258; Teilnahme der Metoiken III 73, A. 254; Erleichterung III 74; für die Komödie eingeführt IV 49.
Choregische Urkunden nennen Tonsetzer und Dichter zugleich II 504, A. 20.
χορηγὸς bei den Doriern = τραγῳδοποιός IV 32, A. 39.
Chorführer s. Koryphaios.
Chorgesang, lyrischer, neben monodischem Vortrag II 133f.; als Vortragsweise der religiösen Poesie II 134; — weltlicher Lyrik II 134; religiöser u. weltlicher Chorgesang II 166f.; instrumentale, orchestische Begleitung II 135.
Chorizonten I 510f., 727.
Chorlieder, Parodos III 131ff.; Epiparodos 135; Stasimon 136ff.; orchestische Bewegungen während derselben III 138; — innerhalb eines Epeisodion III 139; — und Dialog in ihrem Verhältnis zu einander dem Umfange nach III 142f.
Chormeister im Dithyrambos III 257.
Chorodidaskalie, Stellvertretung des Dichters in derselben III 53.

χοροδιδάσκαλος bedarf keines vorgeschriebenen Lebensalters III 511, auch A. 169.
χόροι, ἀστικοί, Ehrenrecht der Bürger, III 73, A. 254.
χόρον αἰτεῖν, διδόναι, λαβεῖν III 50, A. 167.
χορόνικος s. Telenikos.
χρῆ, ἔχρη Ἀπόλλων I 202, A. 40.
χρηματίτης ἀγών zu Delphi II 148, A. 133.
χρῆν, χρῆσθαι, χρησμός I 334, A. 53.
Christentum und Heidentum, ihr Kampf in seinem Einfluß auf den Bestand der alten Litteratur I 150.
Χριστὸς πάσχων III 170, A. 561.
χρῶμα II 531, A. 16.
Chronologie notwendig für das Verständnis litterarischer Werke, ihre Unsicherheit I 260, 298, A. 66; Hülfsmittel für dieselbe I 277, 296 ff.; Verwirrung bei den von Africanus abhängigen Schriftstellern I 298, A. 66.
Chromis, Chromios I 566, A. 36.
Chrysippos, Bruchstücke I 290; — und Pseudo-Aristoteles περὶ κόσμου IV 564, A. 84; bei Galen de Hippocrat. et Platon. dogm. III 8: I 989, A. 62.
Chrysogonos ὁ αὐλητής als Verfasser von ψευδοεπιχάρμεια IV 35, A. 51.
Chrysothemis I 402. II 112; Nomos II 164.
χθιζός bei Hom. II. T 141: I 629, A. 265.
χειρινοὶ ἀγῶνες III 21, A. 60.
χύτροι, Beziehungen des Festes zu Hermes nud den chthonischen Gottheiten III 15 f.
Cicero, de nat. deor. verstümmelt I 150, A. 11; Hortensius im Kampfe zwischen Christentum u. Heidentum unterdrückt I 150, A. 11; Ansicht über das Zeitalter des Hesiod I 936, A. 38; Studium des Aristoteles IV 483; de officiis u. Panaitios τὰ περὶ τοῦ καθήκοντος IV 534; Topica, Verhältnis zu Aristoteles' Τοπικά IV 491, A. 220.
Claudius Maximus, Stoiker IV 551, A. 45.
Clemens von Alexandria IV 552.
Coelius benutzt den Sosilos IV 518.
collegia poetarum I 268, A. 6.
Columella I 1, 8 IV 25, A. 19.
comoedia vetus (Suet. Aug. c. 69) von den Dichtungen des Menandros, Philemon u. s. w. zu verstehen IV 110, A. 198.
Constantinopel, Bibliotheken I 217; durch Brand zerstört I 149.
Constantinus Kephalos I 151, A. 13; Porphyrogennetos (als Epitomator I 151.
contaminatio, ihr Einfluß auf die Zahl der Schauspieler III 86, A. 297.
Cornelius Nepos, Vorstellung vom Laufe der Donau IV 274, A. 103.
Crassus, Publius, beherrscht die griech. Dialekte I 75, A. 77.

Δαίδαλα III 3, A. 2.
δαίφρων I 114, A. 167; 731, A. 6.
daktylo-epitritische Strophen des Stesichoros I 385.
Damastes, Litterarhistoriker u. Homeriker I 265, 890.
Δαμναμενεύς I 358, A. 143.
Damokopos IV 40.
Damon, Musiker, über die Bedeutung des Tanzes III 161, A. 532.
Dämonenglaube I 948.
Damonides (Damon?) III 48, A. 160.
Damophilos' bibliograph. Handbuch I 276.
Damoxenos, Komiker (Σύντροφοι) IV 235.
Danais des epischen Kyklos II 37.
Daphne, Sibylle I 343.
Dareios-Hektor I 813.
Dares I 406.
Dativ Pluralis auf οις statt auf -σι in dorischen Mundarten I 66, A. 42; der I. und II. Deklination in der Atthis II 473, A. 25.
δαῦτε, δηῦτε, im Eingange des Volksliedes II 115, A. 26.
δεδομένα IV 523, A. 38.
Dehnung kurzer Vokale bei Homer I 867 f.
δεικηλίκται III 7, A. 13.
Deinarchos, Redner IV 406 ff.; ob noch in byzantinischer Zeit erhalten? I 153, A. 17; Rede für den Freigelassenen des Xenophon IV 296; ist nicht Verfasser der Rede gegen Theokrines IV 394.
Deinias, Ἀργολικά, vom Verfasser zum zweiten Male herausgegeben I 252.
Deinolochos IV 21. 37; — κωμῳδοτραγῳδία IV 29, A. 25.
Deiochos (Deilochos) II 409, A. 48.
Δεῖος (νόμος) II 219, A. 56.

δεῖπνον, um die Mittagsstunde, bei Theognis II 304, A. 27.
Δειράδες, Demos IV 359, A. 62.
Δηλιάδες II 135, A. 98.
Δηλιακὸν ἐπίγραμμα I 362, A. 154.
Delisches Problem und Platon IV 420.
Delos und Delphi, Hauptkultusstätten I 324.
Delphi, Agon während der III. Periode II 458; Festspiele II 15; lyrischer Agon II 145; Bibliothek I 216; Orakel I 332 ff.; — und die Homer. Poesie I 481. 914; als Werkzeug der Politik I 333; Einfluſs auf die zeitliche Fixierung der Lenaien III 16 f.; — im griech. Mittelalter II 18; Tempel und Sprüche I 362; Archiv I 338, A. 75.
Δέλτοι des Antimachos II 484, A. 32.
Demades, Redner IV 405. 406.
Demaratus' τραγῳδούμενα III 179, A. 6.
Demeterkultus und die lyrisch-religiöse Poesie II 113.
Demetrios von Byzanz, ästhetisch-kritisierend I 279 f.
Demetrios, Komiker IV 235.
Demetrios von Magnesia, seine historische Kritik I 278; περὶ ὁμωνύμων ποιητῶν τε καὶ συγγραφέων I 276.
Demetrios von Phaleros als Redner und Schriftsteller IV 405 f.; politische Wirksamkeit IV 406; über vorhomerische Posie I 405; Sammlung aisopischer Fabeln I 282; περὶ Ἀντιφάνους IV 145, A. 67; περὶ ἑρμηνείας ὅ ἐστι περὶ φράσεως IV 555, A. 56; sept. sapient. apophthegm. II 414, A. 10 (im Text fälschlich 9).
Demetrios, Rhetor IV 555; zu Aristoteles' Briefen IV 497.
Demetrios' von Skepsis Τρωικὸς διάκοσμος I 905.
Deminutiva, ihre Anwendung in der Poesie I 107 f.; in der Atthis II 473, A. 24.
Demo, Sibylle I 344.
Demochares, Demosthenes'Neffe, Redner IV 409; sorgt für Veröffentlichung von Demosthenes' Nachlaſs IV 388; wird in der neueren Komödie angegriffen IV 178.
Demodike von Kyme I 414, 779.
Demodokos bei Homer I 305; ob sich Homer selbst in ihm schildere? I 794.
Demodokos von Kerkyra bei Herakleides Pontikos I 405.
Demodokos von Leros, Spruchdichter I 247, II 176, 296 f.
Demokles von Pygela II 409, A. 48.
Demokrates III 543, A. 234 a. E., vgl. 561, A. 291.
Demokritos von Abdera IV 413; über Homer I 264, 892; seine Buchtitel I 222.
Demokritos von Chios II 537.
Demon, Ἀτθίς IV 322.
Demophilos, Komiker IV 170, A. 2; 234.
Demosthenes, Redner IV 377 ff.; Biographisches, Isaios' Einfluſs, wird nach seiner Thätigkeit als Logograph Staatsredner 377 ff.; Vermögensverhältnisse 387; Reden gegen Androtion, Timokrates, Leptines, Aristokrates 379 f.; περὶ συμμοριῶν, ὑπὲρ Μεγαλοπολιτῶν, I. Philippische, ὑπὲρ Ῥοδίων 380; gegen Meidias 381; olynthische Reden 381 f.; παραπρεσβείας, περὶ εἰρήνης 383, II., III. Philippische, περὶ τῶν ἐν Χερσονήσῳ, περὶ στεφάνου 383 ff.; Harpalos, Demosthenes' Ende 355 f.; Beurteilung seines Charakters und seiner Politik, Beurteilung in den Augen seiner Zeitgenossen 386 f.; Patriotismus und Opferfreudigkeit 387 f.; sein Nachlaſs, Beachtung seiner Reden im Altertum, Zahl der uns überlieferten Reden 388 f.; Unechtes unter den Staatsreden, über Halonnes, über die Verträge mit Alexander, IV. Philippische, περὶ τῆς συντάξεως 389, 392, πρὸς τὴν ἐπιστολὴν τὴν Φιλίππου 389 f.; das Schreiben Philipps 391; Unechtes unter den gerichtl. Reden 392 ff.; gegen Aphobos, gegen Aristogeiton 392 f.; acht Reden in Sachen des Apollodor, gegen Neaira, Kallipos, für Phormion, gegen Stephanos, gegen Euergos und Mnesibulos 393; gegen Theokrines, Phainippos, für Mantitheos, gegen Makartatos, Olympiodoros, Leochares, Eubulides, Reden in Handelssachen, gegen Zenothemis, Apaturios, Phormion, Lakritos, Dionysodoros, Zenothemis 394; ἐπιτάφιος 394 f.; ἐρωτικός 396; Proömien, Resultate der Kritik 397; im Urteil des Timokles IV 164; in

der mittleren Komödie IV 137;
— Äufserungen über Aischines in περὶ στεφάνου und in der γραφὴ παραπρεσβείας nicht mafsgebend III 89, A. 305, A. 306.
Demosthenes Thrax, Metaphrasen der Ilias u. Odyssee I 911, A. 74.
Dardanis, Vater des Terpandros II 208, A. 21.
Derkyllos' σατυρικά III 239, A. 134.
δέρμα, Ἐπιμενίδειον I 208. A. 53; — Φερεκύδειον I 205, A. 53.
Deukalion in der Hesiodeischen Poesie I 921.
Δευκαλιώνεια II 71, A. 14.
Deuteragonist III 67; bei Aischylos III 286f.
δεξιός πούς I 356, A. 216.
δεξιὸν εἰς ὑπόδημα I 356, A. 216.
Diagoras, ἀποπυργίζοντες λόγοι I 223, A. 98.
Diairese der Diphthonge bei Homer I 870.
διάκοσμος s. Τρωικὸς διάκοσμος.
Dialekte, griechische, in ihrer Anwendung auf die verschiedenen Gattungen der Poesie und Prosa I 83ff.; in der lyrischen Poesie II 142ff.; in ihrem Verhältnis zu einander und ihrer gegenseitigen Beeinflussung I 52. 54; in ihrer Entwicklung zur κοινή I 78 ff.: Quellen unserer Kenntnis derselben I 86f.
διάλεκτος θεῶν I 112, A. 165.
Dialog des Dramas, Anfänge III 258.
Dialog als Form der philosoph. Unterweisung IV 411f.
Dialoge, sokratisierende, Unsicherheit hinsichtlich des Verfassers I 249.
διάπειρα, als Bezeichnung der ersten Hälfte von II. B I 554, A. 9.
Diaskeuast der Ilias, seine Zeit, Persönliches, Aufenthalt in Kreta I 651 ff.; über seine Thätigkeit s. kritische Analyse der II. I 549 ff.; noch über 900 v. Chr. hinaufzurücken 575; liebt alte, verlegene Mythen 579; wendet das Eingreifen der Gottheit als poetisches Motiv äufserlich an 576.
διασκευή, διασκευάζειν III 69, A. 237.
Διαπῆκαι des Orpheus II 96, A. 67.
διατιθέναι vom rhapsodischen Vortrag I 492, A. 31.
διαύλιον (διαύλιον) III 161, A. 528.
Dichter und ihr Einflufs I 32; Honorar im musischen Agon II 506, A. 24. nennt sich in seiner Dichtung II 320; zugleich Schauspieler III 61.
Dichterschulen, nachhomerische I 914.
Dichtungsarten und ihr besonderer Dialekt I 85.
Didaktisches Epos, während der III. Periode II 489 ff.
διδασκαλία III 52, A. 175.
Didaskalie der Alkestis III 75, A. 259. 493, A. 89.
Didaskalien IV 497f.; Grundbedeutung und Entwicklung des Begriffs III 62 ff., 63, A. 215; von Delphi (Πυθιονῖκαι) und Athen I 270, A. 8; als historische Quellen III 64 und A. 216.
διδάσκαλος III 50 ff.; — und Verfasser eines Dramas bisweilen verschiedene Personen IV 498.
διδάσκειν χορόν, δρᾶμα III 52, A. 175.
Δίδυμοι, Komödien dieses Namens von verschiedenen Dichtern IV 184, A. 31. 32.
Didymos περὶ ποιητῶν I 279, A. 27; II 117, A. 32; περὶ λυρικῶν ποιητῶν II 117, A. 32; περὶ τῆς Ἀρισταρχείου διορθώσεως I 906; Scholien I 909, A. 64; seine ästhetische Kritik I 280.
διήγησις bei Pseudo-Arist. ῥητ. πρὸς Ἀλέξ. IV 376, A. 126.
διερός I 114, A. 167.
Dieuchidas über die Erwähnung der Athener im Schiffskatalog I 562, A. 22.
Digamma, Schwund und Ersatz I 94f.; verschwindet aus dem Homerischen Text I 505, A. 60. 855ff.; sein Verschwinden kein Beweis für die mündliche Tradition der Homerischen Gedichte; bei Pindar I 529 f.; — bei Hesychios I 94, A. 117; — bei den alten Grammatikern 96, A. 121; — in Vaseninschriften und Inschriften 96, A. 122; 97, A. 123.
Dikaiarchos von Messene IV 506 f.; ἀναγραφὴ τῆς Ἑλλάδος s. auch ἀκροστιχίς; vervollständigt Aristoteles' litterarisch-historische Arbeiten I 271; dessen Didaskalien III 63; — Νῖκαι IV 498; ὑποθέσεις τῶν Σοφοκλέους καὶ Εὐριπίδου μύθων III 179, A. 6; Homerische Studien I 694; Werk über die spartanische Verfassung staatlich für Jugendvorlesungen bestimmt I 214.

δίκρανος bei Parmenides II 491, A. 5.
Δίκτυον des Broutinos (?) II 91.
Dio Chrysostomos Coccejanus IV 548 f., 551, A. 44.
Diodorus, Komiker IV 167, A. 189.
Diodoros (Dorotheos) von Askalon über Antiphanes IV 145, A. 67.
Diodoros von Aspendos, als Nachfolger des Pythagoras IV 416 ff.
Diodoros von Erythrai II 50, IV 418.
Diodoros Siculus als Litterarhistoriker I 184, A. 54; Gliederung seines historischen Werkes in Bücher I 228 f.; über die Homerischen Hymnen I 771, A. 72; *περὶ μνημάτων* IV 312, A. 210; — und Agatharchides IV 519, A. 22.
Diogenes von Apollonia II 428.
Diogenes von Laerte *περὶ βίων, δογμάτων κτλ.* I 296; Bibliographie I 275; Mimen? IV 536, A. 4.
Diogenianos, Auszug von Pamphilos' *λέξεις* IV 560.
Diokles, Komiker IV 103.
Diomedes' Aristie in Herodots (II 216) Citat I 573, A. 53; in der Urilias und beim Diaskeuasten, namentlich in Beziehung auf II. *E* I 577; sein Untergang nach Mimnermos I 577, A. 69.
Diomedes, Komiker IV 236, A 231.
Dion, olympische Spiele daselbst I 318, A. 11.
Dion von Syrakus, Beziehungen zu Platon IV 423 f. 425.
Dionysiades, Tragiker IV 515, I 267, A. 5.
Διονυσιακὸν θέατρον III 35, A. 110; 36, A. 111.
Dionysien mit Agon und lyrischen Chören II 500; grofse oder städtische, Grund der Bezeichnung III 18; Zeit, zeitliche Ausdehnung III 14, 24, (Gliederung des Festes) 25, 28; als Nachfeier der Anthesterien zu betrachten III 18; jüngeren Ursprungs als die ländlichen III 18; kleine oder ländliche, im Poseideon gefeiert III 13; das Kelterfest der Gemeinde III 19, vgl. auch A. 50; als Ursprung der Komödie III 9 ff.; wiederholen der Regel nach ältere Stücke III 23; — im Peiraieus III 18, A. 51; 22.
Διονυσιοκόλακες III 92, A. 320.
Dionysios, der ältere, von Syrakus, als Tragiker III 620; — und Platon IV 423.
Dionysios ὁ χαλκοῦς, Elegiker II 511.
Dionysios von Halikarnafs, als Atticist IV 553 f.; aristotelische Studien IV 493; alsKritiker, kritisch-historische Schriften I 281, 295; Kritik des Deinarchos I 256; excerpiert sich selbst I 253.
Dionysios von Herakleia in der neueren Komödie IV 177.
Dionysios Iambos, ästhetisch-kritisierend I 280.
Dionysios der jüngere von Syrakus über Epicharm IV 36, A. 54.
Διονύσιος ὁ τοῦ Καλλιφῶντος, ἀναγραφὴ Ἑλλάδος I 249, A.158; IV 507.
Dionysios ὁ κυκλογράφος, κύκλος ἱστορικός II 29, A. 3; — über Homers Lebenszeit I 464.
Dionysios ὁ μεταθέμενος I 245, A. 154.
Dionysios von Milet, Logograph II 408.
Dionysios von Milet, Sophist, Araspas und Panthia, eine Fälschung des Celer I 246.
Dionysios von Mitylene, als Verfasser von unter Xanthos' Namen veröffentlichten Schriften IV 240.
Dionysios von Phaselis über Antimachos II 485, A. 34.
Dionysios von Sinope, Komiker (*Ἀκοντιζόμενος?*) IV 235.
Dionysios Thrax I 905.
Διονυσοκόλακες III 92, A. 320.
Dionysodoros' Briefe des Ptolemaios I 282.
Dionysodotos II 205, A. 9.
Dionysos, Wesen des Gottes und seines Kultus III 4 ff.; in seinen Beziehungen zum Rebenbau III 14 ff.; chthonische und Lichtgottheit III 5, vgl. A. 6 u. 7; etymologisch = *θεὸς νύχιος* I 770, A. 70. III 5, A. 6; *γάμος* an den Anthesterien III 4, A. 5; — *Ἐλευθερός (Ἐλευθέριος, Ἐλευθερεύς)* III 5, A. 9; — *Κισσός* III 61, A. 209; *Λύσιος* III 5, A. 9; — *ταυροφάγος* II 505, A. 23; — sein Heiligtum auf dem Haimos I 399; — in den Homerischen Gedichten I 458, A. 39; — von den Rhapsoden angerufen I 747; — und die musische Kunst I 324; — sein Bild im Theater III 38 f.
Dionysoslied elischer Frauen, metrische Form I 384, A. 211.

Diopeithes aus Kephisia, Vater des Menandros IV 191, A. 50.
Dios, Vater des Hesiod I 919.
Dioskorides' Willkür in der Textgestaltung des Hippokrates I 251.
Dioskuren, sie werden aus göttlichen Gestalten zu Heroen I 423.
Diotimos als Fälscher Epikureischer Briefe I 245.
Dioxippos, Komiker (Ἱστοριογράφος) IV 235.
διπλῆ περιεστιγμένη nur auf Aristarch zu beziehen I 902, A. 40.
Diphilos, Komiker: Biographisches, seine Stoffe, Beziehungen auf historische und zeitgenössische Personen IV 225; Parodie, Metrik, Sprache 226; Komödientitel gemeinsam mit Menandros und Philemon 225, A. 157; Doppelbearbeitungen seiner Stücke 171, A. 3; bei Athen. VI 254 E: III 59, A. 200; Ἄγνοια, Αἱρεσιτείχης IV 171, A. 3; Ἄμαστρις IV 177, A. 11; Ἑλενοφοροῦσαι IV 227, A. 196; Ἔμπορος IV 225, A. 187, Εὐνοῦχος IV 225, A. 187; 171, A. 3; Θησεύς IV 226, A. 191; Κληρούμενοι IV 226 (vgl. Plaut. Casina); Λευκαδία IV 225, A. 187; Πλινθοφόρος IV 227 (vgl. Plaut. Rudens); Στρατιώτης IV 171, A. 3; Συναποθνήσκοντες IV 227, A. 197; Συνωρίς IV 171, A. 3; Τιθραύστης IV 177, A. 11.
διφθέραι s. Schreibmaterial I 209.
διφθέραι βασιλικαί I 209, A. 53. IV 317, A. 221.
διφθεράλοιφος I 203, A. 40.
Diskos des Iphitos II 395, A. 7.
διστιχία III 43, A. 137.
Distichen im Epigramm II 174.
Distraktion s. epische Zerdehnung.
Dithyrambischer Agon in Athen durch Lasos gestiftet II 377.
διθυραμβώδης, als Bezeichnung schwülstigen Stils II 536, A. 37.
Dithyrambos, dem Dionysoskultus eigentümlich III 12. 19; Unterschied vom Nomos II 530; Freiheit der strophischen Form II 141; dramatischer Charakter des jüngeren Dithyrambos II 534; Bedeutung für die Tragödie III 269; — nach Pindar II 529 f.
Diyllos über Herodots Vorlesung und dessen Honorar IV 247, A. 31.
Dmetor in der Odyssee s. Echetos.

Dodona, Orakel I 339 f.; — bei Homer I 733; — δυσχείμερος I 791.
Dodonäische Orakelsprüche s. Orakelsprüche.
Doloneia als Beispiel der Einzellieder I 599; auf die Redaktion durch Peisistratos zurückzuführen I 547, 597 f., 886.
Domitian, Beschränkung des Weinbaus in den Provinzen durch ihn IV 548, A. 31.
Doppelhandlung in der griechischen Komödie (Heautontimorumenos) IV 186, A. 35.
Doppelkonsonanten im griech. Alphabet I 186.
Doppeltitel von Büchern I 221 f.; dramatischer Dichtungen III 65.
Doricha (Rhodopis) I 374, A. 192.
Dorion II 499, A. 1.
Dorische Wanderung und Kolonisation I 309.
Dorischer Dialekt I 63 ff.; altertümliches Gepräge, Milderung durch die Dichter, Zusammenziehungen der Vokale, Aussprache, Accentuation, Verkürzungen der Diphthonge und Vokale in den Endungen 64; Artikel, namentlich bei Eigennamen, geograph. Verbreitung, Zähigkeit in der Erhaltung seiner Art, Beeinflussungen 65 f.; namentlich des lakonischen Dialekts, Erweichung des Θ in Σ, Tilgung des Σ im jüngeren lakonischen Dialekt, Übergang des Σ in P 66; ältere und jüngere, strengere und mildere Doris 67; ihr Verschwinden 79.
Dorotheos aus Askalon I 905, A. 50.
Δορυφόρημα III 67, A. 299.
Drakons Gesetze II 389.
Drakons Metrik, Fälschung I 245.
δρᾶμα III 7, A. 12; ἠθικόν und παθητικόν IV 179, A. 18; ἀναγιγνώσκειν, εἰσάγειν, καθιέναι, δράματος κάθεσις III 52, A. 175; 53, A. 179; s. auch τὰ δρώμενα.
Drama, außerhalb Athens III 167 ff.; unter dem Einfluss des peloponnesischen Krieges III 276 f.; seine Gattungen entwickelt seit Ol. 70 III 8; keine Prüfung vor der Einübung III 51; — Ökonomie III 129 ff.; Akteinteilung III 144 (s. auch Akteinteilung, Akte); Gliederung der älteren Tragödie III 146 f.; Sym-

metrie in den dialogischen Partien III 155; Umfang III 143; Vortrag der Verse III 126ff.; Verteilung eines Verses auf mehrere Personen (ἀντιλαβαί) III 153; Mannigfaltigkeit der rhythmischen Formen III 119; musikalische Gestaltung der Bühnengesänge mehr und mehr gekünstelt III 158f.

Dramatiker, dramaturgische Thätigkeit derselben III 52f.; nicht gleichzeitig in Tragödie und Komödie, wohl aber auf anderen Gebieten der Poesie thätig III 55; ihre Produktivität III 56; zunftmäfsiger Charakter und Vererbung ihrer Kunst III 56; nichtattische den einheimischen in Athen gleichgestellt III 57; bringen ihre Stücke in Athen zur Aufführung III 167.

Dramatische Aufführungen, Reihenfolge derselben durch das Los geregelt III 52.

Dramatische Poesie, allgemeine Charakteristik III 1ff.; Ursprung im griech. Kultus 3ff.; in mythischen Vorgängen mystischer Kulte — Geburt des Zeus, *γαῖδαλα* zu Plataiai, Hochzeit des Zeus und der Hera, Hermesfest zu Tanagra, Daphnephorien, Kampf des Apollon mit dem Drachen, γέρατος in Delos III 3, A. 2; Ursprung der Tragödie und Komödie in der Doppelnatur des Dionysos, Dithyrambus und ᾳαλλικά III 6 und A. 11; das burleske Nachspiel bleibt als Erinnerung an den dionysischen Ursprung III 7; — Sprache und Stil in der Tragödie III 101ff.; in der Komödie III 105ff.; die ältere Atthis bei Aischylos von Einflufs III 101; die reine Atthis erst in der jüngeren Tragödie seit Euripides III 103; epischer Stil namentlich in den Botenberichten und bei Aischylos III 102; Mischung der Mundarten III 102; in der Komödie III 105; dorischer Dialekt namentlich in den melischen Partien der Tragödie III 102; epische Formen in der Komödie III 105, A. 364; Versmafse: iambische Trimeter III 107ff.; Wandlungen u. Auflösungen III 108f.; Anapäste im ersten Fufs III 108, A. 373; Füllworte 109, A. 372; Übereinstimmung des Vers- und Wortaccents III 110, A. 377; iambisch-katalektische Tetrameter und anapästische Langverse der Komödie III 107. 111; der trochäische Langvers beider Gattungen Eigentum III 107; trochäische Tetrameter III 111f.; Anapästen III 112f.; die melischen Partien III 114ff.; — in der Tragödie III 116ff.; in der Komödie III 118; Charakteristik und Anwendung der einzelnen Metren III 119ff.; Vortragsweise III 126; Ametrisches in der Komödie III 106 und A. 370; musikalische Begleitung III 157f.; Orchestik III 161 ff.

Dramen, Titel derselben III 64; unter anderem Namen als dem des Verfassers aufgeführt I 245; untergegangene, ihrem Titel nach in den Didaskalien erhalten III 66 und A. 228; untergeschobene III 72; ältere wiederholt aufgeführt, namentlich an den ländlichen Dionysien III 68; — griechische in Rom bei Triumphalfeiern aufgeführt IV 536, A. 2.

Dramenbearbeitungen und Umarbeitungen I 251. 538.

Dramenverzeichnisse III 66f.

Dreifufs als Preis im musischen Agon II 150. 203. 505f.; Preis des siegreichen Lyrikers, nicht Dramatikers III 66.

δρώμενα, τά, Ceremonien und Darstellungen des mystischen Mythus III 4, A. 3.

Δρυώ oder *Ποιώ* des Herodotos' Mutter IV 243, A. 19.

Δρῦς ὑπόπτερος des Pherekydes II 426, A. 46.

Dualformen auf εε und η in der Atthis II 475, A. 27.

Dualis fehlt in der asianischen Aiolis I 62; fehlt im dorischen Dialekt I 64.

Düntzer über die Ilias I 520, A. 8.

Dulichion in der Odyssee I 785.

Duris' historische Kritik I 278.

Δύμαιναι ἢ Καρυάτιδες des Pratinas III 263, A. 36.

Ἡ ἐκ Μουσεῖον I 214, A. 70.

ἐγγύα, πάρα δ'ἄτη II 413, A. 9.

Echembrotos II 222; Epigramm bei Paus. 7, 6: I 385, A. 213. II 174, A. 207; Monument II 23.

Echetos in der Odyssee, ein Zeitgenosse des Dichters I 794, A. 26; Namendeutung I 812, A. 60.
ἐχθρός, Begriffsbestimmung I 33, A. 1.
ἐδάφια (Handschriften) I 292, A. 36.
ἡγεμών des Chors s. ἐξάρχων.
ἐγκεκριμένοι, οἱ I 284, A. 38.
EI und *OY*, *E* und *O* in der Schrift I 198 f.
III, *II* mit *EI* in der jüngeren Atthis vertauscht II 475, A. 27.
Eigennamen in den Mundarten I 56, A. 10; griechische im Vergleich zu lateinischen I 127.
εἰμί, ehemaliger Formenreichtum des Verbums und dessen Beschränkung I 105, A. 147.
Einheit des Dramas in der Hauptperson III 204 f.
Einheit des Orts und der Zeit in der Tragödie III 201 ff.; in der Komödie III 203.
Einheiten in der Komödie des Aristophanes IV 92 ff.
Einteilung von Schriftwerken in Bücher I 226; in ihrem Verhältnis zur Papyrusrolle I 230; — methodisch durchgeführt von der Schule des Isokrates I 228.
Eintrittsgeld III 47 f.
Einzeldramen an Stelle der Tetralogien III 234; — eine Einrichtung des Sophokles III 235.
Einzellieder in der Homerischen und Hesiodeischen Dichtung (Schild) I 522 und A. 10 und 11; in der Ilias I 599; vom Diaskeuasten benutzt I 629, A. 261.
εἴ ποτ' ἔην γε (Homer) „wäre ich doch tot" I 105, A. 147.
εἰρεσιώνη I 351 und A. 117; 780.
εἰρομένη λέξις II 394, A. 31.
Εἰς Ἅιδου καταβάσις, Orphische Dichtung II 92, A. 55.
εἰσόδιον = πάροδος III 148, A. 489.
Ἑκατόμνως, lydischer Name I 44, A. 24.
ἐκδόσεις αἱ ἐκ πόλεων, κατὰ πόλεις, πολιτικαί I 262, A. 1; 500, A. 53; 906, A. 56.
ἐκκλησία κυρία ἐν τῷ θεάτρῳ III 26, A. 78.
Ekkyklema III 41 f.; bei Aristophanes IV 92.
Ekphantos IV 525, A. 47.
Ekphantides IV 47; seine Σάτυροι und das Weihgeschenk des Thrasippos IV 47, A. 16; Καπνίας genannt IV 109, A. 196; — und Choirilos IV 109, A. 197.
ἐκφοινίξαι I 198, A. 34.
Eleaten, Schule des Xenophanes II 412, A. 4.
Eleer als barbarisch sprechend bezeichnet I 37.
Elegie und Spruchweisheit I 362; — zur epischen Poesie gerechnet I 431; von der Flöte begleitet I 439; Dialekt II 142; Versmaß II 119.
Elegiker und der alexandrinische Kanon I 285.
Ἔλεγοι (νόμος des Klonas) II 219, A. 56.
ἐλεός (Pollux IV 123) III 34, A. 104.
Eleusinische Mysterien und der Hymnus in Cererem I 769.
Ἐλίσυκοι, ([ϝ]ελ[ι]σ[υ]κοι) = Volsci IV 271, A. 91.
Ἑλλάς bei Hesiodos (Ἔργα καὶ ἡμέραι 653) I 733, A. 10.
Ἑλλήνιον (Herod. II 178) II 11, A. 17.
ἑλληνίζειν I 81, A. 63.
Ellipse I 133, A. 223.
Ἕλος (zum Homerischen Hymnus auf Apollon II 232) I 759, A. 45.
Ἡλοθαλῆς, Epicharmos' Vater IV 24, A. 13.
ἐμβάδες, ἐμβάται III 98, A. 335.
ἐμβατήριος παιάν I 325, A. 26; II 254, A. 22.
ἐμβόλιμα III 139, A. 457.
ἡμιδέξιον I 386, A. 216.
ἐμμέλεια III 138, A. 452, 162.
Empedokles II 495 f.; Περσικά II 72, A. 18; bei Cramer An. Par. III 18 I 243, A. 147.
ἐν für εἰς nur bei den nordgriechischen Dorern I 65, A. 42; mundartlich und bei Homer I 684, A. 142.
Enchorische Schrift auf syrisch-kyprischen Münzen I 48.
ἔνδος dorisch und ionisch I 56, A. 12.
ἕνη καὶ νέα s. Ellipse.
Enipo II 183·
Enkomien II 167 f.
Enkomiologische Strophen bei Aristophanes dem Stesichoros nachgebildet III 124, A. 413.
Enkomiologisches Versmaß II 137, 167, A. 185.
Ennianista (Gell. XVIII 5) I 492, A. 29.
Ennius als Nachahmer Homers I 883;

Anlehnung an Hesiods Theogonie I 997, A. 28.
Ennomos, Kitharöde im Poimandres IV 575, A. 117.
ἐνόπλιος, von der anapästischen Tripodie I 383, A. 209.
ἐν πέντε κριτῶν γούνασι κεῖται IV 57, A. 195.
ἐνστατικοί I 889, A. 9.
Evien als Quelle der Genealogie des Alkinoos und der Arete I 726, A. 197; als Bezeichnung des Hesiodeischen Gedichts I 1003, A. 85.
'Ἠοῖαι μεγάλαι I 224, A. 104.
Eos, als Personifikation bei Homer sich auflösend I 316.
ἐπᾴδειν, ἐπῳδή I 357, A. 140; — bei Homer I 801.
Epaphroditos' Bibliothek I 217.
ἐπαριστερὰ γράμματα διδάσκειν I 195, A. 27.
ἔπη und μέλη, im Drama unterschieden I 432, A. 23; — ποιεῖν I 431, A. 21.
'Ἐπειοῦ δειλότερος IV 51, A. 25.
Epeisodion III 148 ff; nicht immer als vollständiger Akt zu betrachten III 149; die Zahl derselben steigert sich in der Entwickelung der älteren zur jüngeren Tragödie III 150.
ἐπεισοδιοῦν III 150, A. 494.
ἐπηλυσίη (hymn. in Mercur. 37) I 801, A. 35.
ἐψηβικός (τόπος) III 46, A. 154.
Ephesische Formeln I 358.
Ephesos und sein dithyrambischer Agon I 179; Agon zur Einweihung des neuen Artemistempels II 539.
Epheu, Epheukranz III 61, auch A. 209.
Ephialtes, Sklave des Eupolis IV 64, A. 73.
Ephialtos und Perikles II 465, A. 20.
Ephippos, Komiker IV 166f.; benutzt den Eubulos IV 163, A. 158; seine Schilderung der Platoniker IV 139, A. 47; — Ἄρτεμις IV 166; Γηρυόνης IV 127, A. 18; 131, 167, A. 180; Πελταστής IV 127, A. 18; 167, A. 180.
Ephoros, Historiker IV 323f.; unter Isokrates' Einflufs IV 322, 373; Einteilung von Schriftwerken in Bücher I 228; Ephoros über das Zeitalter Homers und Hesiods I 932; über Philistos IV 320, A. 237.
ἐψύμνιον I 363, A. 160; II 115, A. 25.
Epichares, Kläger gegen Andokides IV 356.

Epicharmos und der Anteil der Sikelioten an der Entwickelung der Komödie III 167; als Schöpfer des regelrechten Dramas IV 4; sein Einflufs auf die ältere attische Komödie IV 48; Bedeutung im allgemeinen IV 22 f.; Wechselbeziehungen zur älteren Tragödie, zu Aischylos IV 23, A. 12; Leben 23f.; litterarische und philosophische Bildung IV 25f.; seine Stellung zu den Pythagoreern ebend.; Zahl und Titel seiner Stücke IV 27 ff.; Stoffe und Behandlungsweise IV 28 ff.; Beziehungen auf Zeitverhältnisse IV 29, A. 28; Charakteristik seiner Komik, Gnomisches IV 30; spekulativ-Philosophisches IV 30f.; Stil und Dialekt IV 32; Chor IV 32f.; Metra IV 33; philosophisches Lehrgedicht IV 33; Ennius' Bearbeitung IV 34, A. 48; untergeschobene Dichtungen I 243, A. 149; 248, A. 158; IV 34f.; Beurteilung IV 35; Einflufs IV 36; im alexandrinischen Kanon I 286; in der dialogischen Form der Vorgänger Platons IV 433; unter Xenophanes' Einflufs II 421; ihm wird fälschlich die Einführung des Ξ und Ψ zugeschrieben I 187, A. 4; — und Plautus' Amphitruo IV 123, A. 8.
Seine Werke: Ἀγρωστῖνος IV 29, A. 27; Ἁρπαγαί IV 29, A. 28; 32, A. 38; Ἀταλάντα (αι?) IV 27, A. 24; Βούσιρις IV 32; Δευκαλίων IV 29, A. 24; Ἐλπὶς ἢ Πλοῦτος IV 29, A. 27 und 28; 32, A. 37; Ἑορτὰ καὶ Νᾶσοι IV 29, A. 28; Ἐπινίκιος IV 33, A. 44; Ἥβας γάμος IV 23; Θεαροί IV 29, A. 27; Λευκαρίων s. Δευκαλίων; Λόγος καὶ Λογίνα I 355, A. 132; Πυρκαεὺς Προμαθεύς IV 28, A. 24; Πύρρα ἢ Δευκαλίων, — καὶ Προμαθεύς IV 28, A. 24; Τρῶες IV 32, A. 41; Χείρων IV 28, A. 24; 35, A. 51; Χορεύοντες IV 32, A. 40; 33, A. 44.
Untergeschobene Schriften IV 35, A. 51: Γνῶμαι, Κανών, Ὀψοποιία, πρὸς Ἀντήνορα, Χείρων (?), Tierheilkunde (?), Traumdeutung (?).
Epidauros, Tempelspruch I 362, A. 154; theatralische Aufführung daselbst III 39, A. 125.
ἐπιδείξεις der Sophisten IV 334.
ἐπιδεύτεροι I 284, A. 39; IV 333.

Epigones, Kritiker der orphischen Litteratur I 241, 395 und A. 234, 235; II 89.
Epigenes, Komiker — Ἀργυρίου ἀφανισμός, Μνημάτιον IV 167, auch A. 151.
Epigenes aus Sikyon, Tragiker III 252, 254.
Epigramm, in der alexandrinischen Kritik I 267; Dialekt II 143; Form und Bedeutung II 173 ff; —, satirisches II 176.
Epigramm auf Peisistratos I 507.
ἐπίγραμμα ἀναθηματικόν als Ursprung des Epigramms II 175, A. 212.
ἐπίγραμμα, Aufschrift der Schriftrollen I 222, A. 93.
ἐπικαιτύειν III 70, A. 242.
Ἐπικιχλίδες I 777.
Ἐπίκληρος, πρώτη und δευτέρα III 70, A. 243.
Epikrates, Komiker, Ἀντιλαῖς IV 167, auch A. 153; — und Platon IV 138, A. 47.
Epiktetos, unfrei geboren I 175; bei Arrian IV 539 f.
Epikuros, Fragmente I 290; — Briefe, eine Fälschung des Diotimos I 245; datiert seine Schriften I 261; seine und seiner Schule Polemik I 269; bei Suidas I 293.
ἐπιλήνιον μέλος III 15, A. 42.
Epilykos, Komiker IV 104.
Ἐπιμενίδειον δέρμα I 341, A. 63.
Epimenides von Kreta II 5, 76; Epiker und Prosaiker I 170, A. 35; Weissagungen I 341; über Kreta und περὶ θυσιῶν II 390 f.; bei Platon leg. I 642; II 77, A. 7.
Epinikien II 168 ff., 510.
Epinikos, Komiker IV 235; seine Kritik des Macsiptolemos IV 178.
Epiparodos III 135.
ἐπίφθεγμα I 363, A. 160.
ἐπιφθεγματικόν II 115, A. 25.
ἐπίρρημα I 363, A. 160.
Epische Poesie, Allgemeines I 420 ff.; Heldensage, Unterschied des Epos und der älteren Heldenlieder, Achilleus und Odysseus in ihrem Verhältnis zu dem Ganzen des Epos 420 f.; Sage und Mythos 423; lokale Sagen und Mythen werden verknüpft 424; der troische Sagenkreis und seine Helden 425 f.; der thebanische Kreis 426; die Sagen des ionischen Stamms

bleiben unbenutzt für das Epos 426 f.; Göttersage 427; — schnelle Verbreitung von Ionien aus I 8; — Perioden II 26 ff.; — in der dritten Periode II 477.
Episches im Drama III 206.
Epische Schulen in ihrem Verhältnis zu einander II 67 f.
Epischer Stoff und der Dichter I 427.
Epische Zerdehnung bei Homer und späteren Dichtern I 868.
Episoden in der Tragödie III 205.
Ἐπίστροφος im Homerischen Schiffskatalog I 565, A. 35.
ἐπιτάφιος ἀγών, in Athen IV 456 f.
ἐπίτασις III 211, A. 79.
Ἐπιτίμαιος I 269, A. 7.
ἐποποιός I 431, A. 21.
ἔποψ, Fabel I 373, A. 188.
ἐπόπται, von den Schülern des Aristoteles IV 476, A. 172.
ἔπος = daktylischer Hexameter I 387; — im Sinne von στίχος gebraucht I 231, A. 120; —, ἔπη I 430 ff.
ἔπου θεῷ II 413, A. 9.
ἡ ψελλὴ δ᾽ οὐ πιττεύω (Sprichwort) I 62, A. 37.
ἑπτάπεκτος αἴξ I 777, A. 91.
Ἤπυτον mundartlich statt Αἴπυτον I 54, A. 7.
Ἡραιών, Monatsname = Lenaion in Tenos III 17, A. 49.
Ἡράκλεια = Οἰχαλίας ἅλωσις II 37, A. 21.
Eratosthenes als Vertreter der allgemeinen Humanität I 36; chronologische Studien I 277; historische Kritik I 278; Fortsetzung von Aristoteles' *Nixai* IV 498; im Urteil der Alexandriner I 287.
Ergotimos s. Klytias.
Ἐρετριοί IV 418, A. 26.
Ἠριδανός, Flussname, nach Herodot eine dichterische Erfindung I 391, A. 226.
Erinna II 286 f.; Dialekt II 144, A. 129; ἀλακάτα, ein Gedicht wesentlich lyrischen Inhalts I 165, A. 24.
ἐριούνιος II 71, A. 15.
Eriphos, Komiker IV 169.
ἑρμηνεία bei Aristoteles IV 490, A. 219.
Ἑρμάνειος III 100, A. 346.
Erntelieder I 351.
Ἡρωογονία bei Tzetzes = κατάλογος γυναικῶν I 1003, A. 85.

Eros und Eroten in der pseudo-anakreontiscben Dichtung II 351.
Erotisches im Satyrdrama III 240.
Erytheia I 789.
Erz und Eisen bei Homer I 792.
Erziehung im griechischen Mittelalter II 13.
'*Ησιόδειον γῆρας* I 923, A. 12.
'*Ησιονεῖς* s. Asioten; — bei Kallinos II 179, A. 3.
ἐσκευα πρόσωπα III 99, A. 342.
ἐσπέριξ I 42, A. 19.
ἦθος als Gehalt der klassisch-griechischen Litteratur I 139.
ἦθος γὰρ ἑκάστῳ δαίμων IV 414.
Etymologicum magnum, als Quelle verlorea gegangener Schriften I 155, A. 18.
Euages von Hydria IV 9, A. 27.
Euagoras und das hellenische Element auf Kypros I 50.
Euainetidas II 217.
Euandros s. Lysias.
Euangelos, Taktiker, illustriert I 236.
Euathlos, Ankläger des Protagoras IV 337.
Euboios von Paros II 487 f.
Eubulides' Κωμασταί IV 168, A. 189.
Eubulos, Komiker IV 160 ff.; Persönliches, mafsvoll in seinen Schmähungen 160; Zahl seiner Stücke, Vorliebe für die mythische Parodie, Nachahmung des Euripides, Herabsetzung der Boiotier 161; Stoffe 162; Stil und Metra 163; Selbstnachahmung und von anderen Dichtern benutzt 163, A. 158.
Seine Dramen: *Ἀμάλθεια* IV 161, A. 149, 162, A. 151; *Ἀντιόπη* IV 160, A. 144; 161, A. 149 und 150; *Αὐγή* IV 162, A. 153; *Βελλεροφόντης* IV 162, A. 151; *Γλαῦκος* IV 162, A. 152; *Δαίδαλος* IV 161, A. 146; *Διονύσιος* IV 161, A. 148; *Εἰρήνη* IV 162, A. 157; *Εὐρώπη* IV 161, A. 149; *Ἰχώ* IV 163, A. 159; *Ἰξίων* IV 162, A. 151; *Ἴων* IV 161, A. 149, 162, A. 151; *Καμπυλίων* IV 161, A. 146; *Κέρκωπες* IV 161, A. 149; *Κλεψύδρα* IV 162, A. 156; *Κορυδαλός* IV 162, A. 157; *Κυβευταί* IV 162, A. 153 u. 155; *Μυσοί* IV 161, A. 149; *Νάννιον* IV 161, A. 146; 162, A. 153 u. 156; 163, A. 158; *Νεοττίς* IV 162, A. 156; *Ξοῦθος* IV 162, A. 151; *Ὀλβία* IV 161, A.

150; *Ὀρθάνης* IV 162, A. 152 u. 153; *Παννυχίς* IV 163, A. 158; *Πορνοβοσκός* IV 162, A. 156; *Πλαγγών* IV 162, A. 156; *Προκρίς* IV 162, A. 151; *Σεμέλη* IV 161. A. 150; *Σκυτεύς* IV 161, A. 146; *Στεφανοπώλιδες* IV 162, A. 154, 163, A. 159; *Σφιγγοκαρίων* IV 160, A. 144; *Τιθαί* IV 163, A. 159; *Χρύσιλλα* IV 162, A. 156.
Eubulos aus Amphiystos in der mittleren Komödie IV 137, A. 44; sein Antrag auf Zurückberufung des Xenophon IV 296; Gesetz über die *θεωρικά* IV 382; politische Wirksamkeit IV 400 f.; als Rechtsbeistand des Aischines IV 403.
Eucheon von Samos II 409, A. 48.
Eudemos von Naxos II 409, A. 48.
Eudemos von Paros II 409, A. 48.
Eudemos von Rhodos IV 505 f; — und Aristoteles' litterarische Hinterlassenschaft IV 477; zu Aristoteles' Kategorien IV 490, A. 217; seine Geschichte der Geometrie IV 521, A. 28.
Eudokia und Hesychios I 292, A. 47, 293, A. 50, 294, A. 53 u. 55.
Eudoros und Ariston im Streit wegen Plagiats I 169 f.
Eudoxos, Astronomie illustriert I 236; Chronologisches I 300, A. 68, 301, A. 70; als Vorgänger des Eukleides IV 522, A. 34; als Geograph IV 508; *τέχνη* s. *ἀκροστιχίς*.
Euegoros, Psephisma desselben bei Demosth. Mid. 10 III 21, A. 59.
Euenos von Paros, der ältere, Elegien nach Aristoteles benannt I 149; Distichen vielleicht Bruchstücke von Elegien II 176, A. 214; Elegien unter Theognis' Namen überliefert II 310.
Euenos von Paros, der jüngere, Elegien II 511; als Lehrer des Philistos IV 319.
Eugaion als Quelle für das Leben des Aisopos I 374, A. 192.
Eugaion von Samos s. Eucheon.
Eugammon und Musaios' Thesprotis I 537; — und die Telegonie II 53 f.
Eukleides, Aufzeichnungen über Sokrates IV 303, A. 181; Echtheit der Dialoge nach dem Urteile des Panaitios IV 412.
Eukleides, Mathematiker, Mangel an

biographischer Überlieferung I 258, IV 520f.; Στοιχεῖα IV 521f; Διδόμενα, Περὶ διαιρέσεων, Πορίσματα, Kegelschnitte IV 523; Φαινόμενα, Ὀπτικά, Κατοπτρικά, Εἰσαγωγὴ ἁρμονική, Κατατομὴ κανόνος IV 524.

Eukleides, Vater des Stesichoros I 936.
Euklos I 342.
Eumelos von Korinth II 68 ff.; seine Zeit in Beziehung zur Zeit des Hesiod I 937; Prozessionslied der Messenier für Delos II 116, 126, A. 63; Κορινθιακά I 148, A. 7; 170, A. 35; II 390; angeblich der Verfasser der Titanomachie II 36; — und die Argonautensage I 474, A. 63; Bruchstück aus dem Prosodion (bei Pausanias) II 116, A. 28.
Eumenes, im Dienste Philipps IV 391, A. 144.
Eumetis s. Kleobuline.
Eumolpos I 401f., II 80; als Stifter der eleusinischen Mysterien II 80, A. 23; Fälschungen unter seinem Namen I 241.
Eunapios' βίοι σοφιστῶν καὶ φιλοσόφων I 295.
Eunikos, Komiker IV 104, A. 173.
Eunomos II 287.
Euphemos, Vater des Stesichoros I 936.
Euphorion, III 608; sorgt für die Aufführung der Dramen des Aischylos III 263; bearbeitet seine Dramen III 69; die Prometheustetralogie III 315; als Verfasser des Schlusses der Septem III 305; im Urteil der Alexandriner I 278.
Euphranor und Homer I 879, A. 12.
Euphron, Komiker IV 235.
Euphronios, ästhetisch kritisierend I 280.
Eupolis, Komiker IV 63 ff.; Biographisches, Zahl seiner Stücke IV 63 f.; Verhältnis zu Aristophanes IV 65 f.; 109, A. 197; Mundart I 74; Gesammturteil IV 70f. Stücke: Αἶγες IV 66; Ἀστράτοι IV 69, A. 93; Αὐτόλυκος IV 67; Βάπται IV 68 f.; Δῆμοι IV 68 f.; Εἵλωτες IV 70, 104, A. 174; Κόλακες IV 67, 439; Μαρικᾶς IV 66; Πόλεις IV 66; Προσπάλτιοι IV 69, A. 93; Φίλοι IV 69, A. 93.
Eupolideische Verse bei Alexis IV 158, A. 132.

Euripides, Biographisches III 465 ff.; Quellen dazu III 466, A. 1; philosophische Studien III 469 ff.; Lebensanschauungen in den Fragmenten des Bellerophontes III 473; Einfluß des Anaxagoras III 469 ff.; der Sophisten 471; des Protagoras 472; des Prodikos 473; des Sokrates 474 f.; des Demokritos und Herakleitos 475 f.; Einfluß des Theognis III 476; gelehrte Studien 476; Beziehungen zum öffentlichen Leben III 477; Verhältnis zu Sophokles, Kritias u. a. III 477, auch A. 48; häusliche Verhältnisse, Kephisophon III 478 ff.; sein Urteil über die Frauen und Verhältnis zu Archelaos III 480 ff.; — und die Verurteilung des Protagoras IV 337, A. 28; sein Tod III 482 f. Dichterische Thätigkeit: nicht dramatische Schöpfungen III 484, A. 63; Dauer und Entwickelung seiner dichterischen Thätigkeit III 484 f.; dramatische Dichtungen für nichtattische Bühnen III 485; benutzt Kephisophon und Timokrates für melische Kompositionen III 486; als Überarbeiter eigener Dramen III 486; Angriffe seitens der Komödie und Antwort des Tragikers III 487; dramatische Siege III 487 f.; Zahl der Dramen III 488 ff.; Wert der erhaltenen Stücke für die Beurteilung des Dichters III 489 f.; Perioden seiner dichterischen Entwickelung III 490 ff.

Wirkung, Würdigung und Charakteristik seiner Kunst; allgemeine Würdigung III 246 f.; Charakteristik der drei Perioden seiner dichterischen Thätigkeit III 490 ff.; Einfluß auf Griechen und Römer III 565 f.; weite Verbreitung seiner Stücke 566 f.; Einfluß auf die neuere Komödie IV 188 f.; seine Dramen als Gegenstand der Parodie IV 130; Einfluß auf die bildende Kunst III 178, 567; Beurteilung des Euripides im Altertum III 568 ff.; bei den Neueren 570; sein Kunstcharakter aus der Person und Zeit des Dichters erklärt III 570 ff.; seine Frauencharaktere III 572 ff.; Auswahl der Mythen III 585 ff.; Stoffgebiet seiner Tragödien III 581;

Stoffe, in denen er mit Aischylos und Sophokles zusammentrifft III 585; Anklänge an die Volksdichtung I 354, A. 128; neue Stoffe, namentlich der attischen Sage III 585; Behandlung des überlieferten Stoffs III 586f.; Züge modernen Lebens 588; er arbeitet auf Effekt 589; vernachlässigt die dramatische Ökonomie 589f.; Fülle der Handlung im Widerspruch zur Ausdehnung und Personenzahl 590; Naturschilderung I 10, A. 7; lyrische Kunst III 117; Erzählungen und Beschreibungen III 591; der Prolog 592ff.; Chor III 221; tetralogische Komposition III 232, auch A. 111; Euripides und das Satyrdrama III 242; Stil III 595ff.; Vorliebe für stichomythische Komposition III 156. Seine Persönlichkeit: persönlicher Charakter 574ff.; politische und soziale Ansichten III 576ff.; politische Besonnenheit I 177; Polemik gegen das Orakel III 579f.; religiöse Anschauungen III 580; Portraitstatuen III 574, A. 323; in der Villa Albani mit dem Verzeichnis seiner Schriften I 275; als Nachahmer Homers in der Teichoskopie I 880, A. 14; Ausgabe des Homer I 892, A. 19.

Seine Dramen: Ἄλκηστις als Ersatz des Satyrdramas III 494; Inhalt 495ff.; Beziehungen auf Gegenwart und Phrynichos 496, A. 95; Vergleich mit Phrynichos 498ff.; allgemeine Charakteristik des Stückes 499; Selbständigkeit in der Behandlung des Stoffs 500; Charaktere 500; die anderen zur Tetralogie gehörigen Stücke 500f.; ὑπόθεσις III 499, A. 101; Ἀλκμαίων διὰ Κορίνθου; — διὰ Ψωφίδος III 66, A. 226; Ἀνδρομάχη nicht von ihm selbst eingeübt III 54; in Argos aufgeführt III 54, A. 183, auch 541; Inhalt III 539f.; Mängel in der Komposition 540; Quellen und Ausgestaltung des Stoffs 540, A. 229; Beurteilung im Altertum 540, A. 230; Abfassungszeit 542ff., auch A. 234; Beziehungen auf Alkibiades und die Zeitverhältnisse 544ff.; Andromache ein Stück des alternden Euripides 548f.; Technik der Verse, der Chor 549;

Ἀνδρομέδα III 553, A. 267; Αὐτόλυκος II 423, A. 36; Δανάη III 73; Ἑλένη Abfassungszeit und Vergleich mit der Andromeda III 553f.; Quellen und Umbildung der Sage 554f.; Inhalt 555ff.; Vergleich mit Stesichoros 558; kein politisches Gelegenheitsgedicht 558, A. 275; Vergleich mit der taurischen Iphigenie 558f.; Beurteilung des Stücks und der Charaktere 559f.; der Chor 560f.; Ἠλέκτρα III 550ff.; Ἡρακλεῖδαι Beziehungen auf politische Verhältnisse und Abfassungszeit III 515ff.; in Konkurrenz mit Sophokles und Philokles 517, A. 155; der Stoff und die heimische Überlieferung 520ff.; Behandlung desselben Stoffs durch Aischylos 522; Idee und Personen des Stücks 522f.; der Chor 523; die Tendenz drängt sich nicht vor 525; mangelhafte Überlieferung 525f.; Mängel in der Form 526; Ἱκέτιδες Tendenz und Idee 530f.; Inhalt 531f.; Behandlung des überlieferten Stoffs 532; Abfassungszeit 533f.; Beurteilung 534ff.; Fortleben des Stücks auf der Bühne 538; Interpolationen 539; Ἱππόλυτος, Konkurrenz mit Ion und Iophon III 526; Vergleich mit der Medea 527; das Sujet und der Verfasser 527; erste und zweite Bearbeitung des Stücks 528, vgl. 66, A. 226; Beurteilung namentlich des göttlichen Eingreifens 529f.; Ἰφιγένεια ἡ ἐν Αὐλίδι III 69, A. 240; ἡ ἐν Ταύροις III 552f.; Κύκλωψ, der Stoff des Stücks auch von Aristias behandelt III 562, auch A. 294; Abfassungszeit 563; Inhalt 563ff.; Beurteilung 565; Μήδεια, Konkurrenz mit Euphorion und Sophokles III 501; Zeitbeziehungen 501; tetralogische Komposition 501f.; Revision des Stücks 502; Inhalt 502ff.; Dramen des Euripides aus demselben Sagenkreise 503; der Sagenstoff bei den Epikern und Lyrikern 504f.; Verhältnis zu Neophrons Medea 505f.; Gestaltung der Heldin durch Euripides 506ff.; Komposition 509f.; Charaktere 510ff.; Spuren doppelter Bearbeitung 512, A. 140; der Chor und die melischen Partien 513ff.; Wirkung des Stücks auf die Zeitgenossen 515; Nachahmung bei Griechen und Römern 515 und' A. 152; Ὀρέστης III 89, A. 307; 183; *Πηλιάδες* III 493; *Ῥῆσος* IV 500; *Σίσυφος* IV 500; *Σοφὴ Μελανίππη* III 470, A. 20; *Συλεύς* III 242; *Τρωάδες* III 227, A. 102; *Φιλοκτήτης* III 426, A. 185; *Φοίνισσαι* III 561 f.; Didaskalie 561, A. 291; als Glied tetralogischer Komposition 562, A. 292; als Nachahmung der Teichoskopie I 567.

Euripides der jüngere III 620.

Europa, Entführung, in der epischen Dichtung und der Batrachomyomachie I 774.

Europeia, episches Gedicht, auf welches in der Batrachomyomachie Bezug genommen wird I 774; s. auch Eumelos.

Eurykleia und Eurynome in der Odyssee I 696, 715, 718, 720.

Eurylochos II 9; Enkomion auf ihn II 168.

Eurymedon, Wagenlenker des Agamemnon I 572, A. 51.

Eurymedontiades II 328.

Eurysos s. Eurytos.

Eurytanen gelten als Barbaren I 37.

Eurytos von Lakedaimon, Lyriker II 205, A. 9.

Eurytos, Pythagoreer IV 415, 417, 419; — und Platon IV 422, A. 40.

Eusebios' χρονογραφία I 297.

Eusthatios als Quelle für verlorene Schriften I 155, A. 18; *Παρεκβολαί* I 910.

Euthydemos' Bibliothek I 215, A. 72.

Euthydemos, περὶ ταρίχων I 243.

Euthymos von Lokroi II 514, A. 2.

Euthyphron IV 453.

ἐξαγωγή III 170, A. 561.

ἐξάρχων im lyrischen Chor II 134, A. 94; im dramatischen Chor III 79, A. 274.

Excerpte der Byzantiner und ihr Einfluss auf die Erhaltung litterarischer Schätze I 150 f.; s. auch Auszüge.

Exekestides II 152, A. 145.

ἑξήκοντα, οἱ, ihre Schwänke und Possen IV 133, A. 32.

Exodion s. Schlußgebet, nach dem Vortrage der Rhapsoden I 747.

Exodos bei Aischylos, Sophokles und Euripides III 213 f.

ἐξώστρα III 42, A. 136.

ἐξωτερικά IV 476, A. 172.

ἐξωτερικοί — ἐσωτερικοί II 433, A. 66.

Exposition der Tragödie III 211.

ἐξ ὑποβολῆς I 499, A. 50.

ἐξ ὑπολήψεως I 499, A. 50.

εὐκοσμία III 36, A. 112.

Εὐμολπία (Εὐμόλπεια) II 79, A. 18.

Εὐνείδαι II 110, A. 9; 499, A. 3.

εὐρυγάστωρ I 337, A. 66.

Fabel, Verschiedenartigkeit nach Alter und Form I 379; Eingangsformel, Quellenangabe, Tierbezeichnungen 380; von Aphthonios dreifach klassifiziert I 377, A. 198.

Fabel vom Roß, ihre Quelle und Überlieferung I 370, A. 180.

fabula Atellana IV 183, A. 30.

fabula palliata, togata abhängig von griechischen Vorgängern IV 183.

fabula stataria und *motoria* IV 179, A. 18.

Fälschungen, litterarische I 240 ff.; in den Dichtungen angeblich ältester Poesie I 392.

Favorinus aus Arelate IV 539, 550 f.; historische Kritik I 278; über Herodot (?) IV 267, A. 82; — und Hermippos Smyrn. IV 517, A. 13.

Fehdewesen II 8.

Feste II 509 f.; des Dionysos in Athen III 13 ff.

Festspiele II 15 f.

Flavius Clemens und Dio Chrysostomos IV 548, A. 33.

Flavius Sabinus und Dio Chrysostomos IV 548, A. 33.

Flöte, ihre Arten III 157, A. 515.

Flötenspiel II 124 f.; in Athen, Theben und Argos II 505, A. 22; als Begleitung des Schauspielers III 127; hinter der Bühne III 157, A. 514.

fossiones Philistinae IV 319, A. 233.

Frau, ihre Stellung in der älteren und späteren Zeit I 1001, 413; in der attischen Kultur II 455 f.; Stellung in Ionien I 19.

Frauen in der griechischen Litteratur nur Vertreterinnen lyrischer Poesie I 165, II 151 f.; — in der Dichtung bei Homer I 414; bei den drei Tragikern II 456, III 196; im tragischen Chor III 196 f.; in der neueren Komödie IV 174, A. 7; als tragische Heldinnen III 196.

Frauenrollen nicht selten vom Protagonisten gespielt III 89.
Fremdwörter im Griechischen I 111 f.
Furcht und Mitleid als Wirkung der tragischen Poesie III 175.
Galenos, als Gegenstand litterarischer Fälschungen I 243; — über die alte Komödie VI 112, A. 204; gegen Favorinus VI 551, A. 44.;
Γαλεομυομαχία I 774, A. 85.
Gallograeci I 52, A. 39.
Gamelion, altattischer Name für Lenaion III 17.
Gedächtniskraft bei Überlieferung der Homerischen Dichtungen I 210.
γεγονώς, seine Bedeutung in chronographischen Notizen I 301, A. 70.
Geldgeschenk für den dramatischen Sieger III 61.
Gelegenheitsdichtung nach Pindar II 528 f..
Gelon, Charakteristik seiner Politik IV 18 f.
Gemellus IV 565, A. 86.
Geminus excerpiert selbst seinen Kommentar I 253, A. 169; — und Aristoteles' Meteorologie IV 487.
γῆν ἐπιέσσασθαι I 127, A. 206.
γενεά, Dauer derselben I 1009, A. 101.
Genealogische Sage bei Hesiodos I 52, A. 2.
γένος διπλάσιον erst seit Archilochos I 382.
γένος ἐξεταστικόν bei Pseudo-Aristot. ῥητορικὴ πρὸς Ἀλέξανδρον IV 376, A. 126.
Georgios Synkellos, ἐκλογὴ χρονογραφίας I 297.
Georgios von Gaza II 357, A. 91.
Γεωργοί, als Nebentitel von Aristophanes' Εἰρήνη IV 499.
γεφυρίς, γεφυρισταί, γεφυρίζειν, γεφυρισμός III 12, A. 28.
γέραιραι III 26, A. 77.
Γερανομαχία I 774, A. 85.
γέρανος, Tanz in Delos III 3, A. 2;
— Theatermaschine III 42, A. 137.
Geranos in Delos III 3, A. 2.
Gergis I 344.
Geryones bei Arist. Probl. XIX, 48 922 B 13 II 532, A. 18.
γῆς περίοδος als Bezeichnung des dritten Buchs des Frauenkatalogs I 1002, A. 54.

Geschichtsschreibung, ihre Anfänge II 397 ff.
Gesetze, schriftlich fixiert II 7, 386 ff.; rhythmisch vorgetragen II 163, A. 174.
Gitiadas II 202 f.
Glauke von Chios I 165.
Glaukon über Homer I 891; als Verfasser von Platons Menexenos IV 458.
Glaukos, der Lykier, in der Ilias, eine historische Person? I 461, A. 42; — als Sagenerweiterung des troischen Stoffs I 460.
Glaukos aus Rhegion, erster Litterarhistoriker I 265; — über die ältesten Dichter I 398; als Homeriker I 890; περὶ Αἰσχύλου μύθων III 179, A. 6; 341, A. 163.
Gleichlautende Schlußverse bei Euripides III 214, A. 84.
Gleichnisse bei Homer I 647, A. 325; der Ilias und Odyssee mit einander verglichen I 730; in der Ilias mit Beziehung auf die Gegenwart I 634; namentlich des Diaskeuasten I 604 f.
Gliederung der Tragödie in Exposition, Verwickelung, Lösung III 211 f.; — des klassischen Drama den Grammatikern bekannt III 146, A. 483.
γλῶσσαι im Sinne der alten Homerexegese I 887, A. 6.
Glosseme als Quelle der Textverderbnis I 250.
Glykera und Menandros IV 192, 217, A. 159; — und Philemon IV 217, A. 159.
Gnathaina und Diphilos IV 225.
Gnesippos III 610, IV 46, A. 10.
γνώμη I 356, A. 136.
Gnomen im Skolion II 161, A. 164; in der Tragödie III 209 f.
γνῶθι σεαυτόν II 413, A. 9.
Goldmünze von Teos oder Tios I 188, A. 8.
Γολύνειον (Κρατίνειον) μέτρον IV 7, A. 23.
Gorgias IV 339 ff.; Biographisches, philosophische Richtung, Gesandtschaft der Leontiner nach Athen 339 f.; Aufenthalt in Athen und anderen Städten, rhetorische Wirksamkeit, Einfluß auf die Prosa 340; vgl. 443, A. 91; seine Schüler 341 ff.; seine Schriften 340, A. 41, 42; 341, A. 43; als Verfasser von Lysias'

ἐπιτάφιος IV 355, A. 68; antipersische Bestrebungen II 468.
Götter in Ilias und Odyssee I 734 f.; in der Tragödie III 195.
Götterbeinamen auf vorhomerische hieratische Poesie zurückzuführen I 315.
Göttererscheinungen auf der Bühne III 43, A. 137; von Euripides gerne in Tragödien mit glücklichem Ausgange angewendet III 212.
Götternamen I 113 f.
Göttersage im Epos I 427.
γοῦρος = γύρος I 116, A. 171.
Grabdenkmale mit Verzeichnissen der Schriften des Verstorbenen I 275.
Grabepigramm von Eleusis, metrisch I 385, A. 213.
Grabschrift des Midas I 43.
Γραμματικὴ τραγῳδία (θεωρία) IV 102, A. 167.
Grammatiker, alexandrinische, und ihre Verdienste um litterarhistorische Forschung I 273 ff.
γράφειν, γράμματα I 203, A. 40.
Grazienkultus von Paros nach Thasos verpflanzt I 12, A. 10.
Gregorios von Nazianz, seine Gedichte nicht an Stelle von Schöpfungen des Altertums gesetzt I 150.
Griechenland, geographische Charakteristik I 6 ff.
Griechisches Drama bei den italischen Stämmen III 171; bei den Etruskern III 173 f.
Griechische Komödien bei den Oskern III 174.
Griechische Bildung in Vorderasien I 50 f.
Griechische Sprache, Dialekte I 52 ff.; im einzelnen s. Dialekt, aiolischer, dorischer Dialekt u. s. w.; Entwickelung in der vorhistorischen Zeit I 87 ff.; logisches Prinzip der ursprünglichen Accentuation, sein Einfluss auf die Wortgestaltung I 87 f.; Beschränkung des Accents auf die letzten drei Silben, Barytonie der asianischen Aiolis I 89 f.; Wandelbarkeit, Inkonsequenz und Anomalie des Accents I 90; Gravis, Schwächung durch Abneigung gegen gewisse Laute und Lautverbindungen, Ι, Σ, F, sowie ihr Ersatz I 91 ff.; Schwund oder Zunahme der Aspiration I 97 f.; Spiranten im Inlaut erhalten I 98 f.; Entwickelung der Diphthongen, ΥΙ und ΙΥ I 99; Einfluss des Verses auf die Wortgestaltung, prähistorische Reste, Einfachheit in gewissen Bildungen I 100 f.; Tautologie, Wortstellung I 101; Allitteration I 102; Fortentwickelung durch die Litteratur I 103 ff.; Abschwächung des härteren Sibilanten (Lasos) I 104; Beschränkung des Reichtums an Diphthongen und Formen, Mangel an Neubildungen auf formalem Gebiet I 104 f.; dagegen Bereicherung des Wortschatzes, Fühlung der späteren Litteratur mit der älteren Sprache I 106 f.; Individualisierung der Sprache nach den Gattungen der Dichtungen I 107 f.; Regelung in der Anwendung der modi und tempora I 108 f; der Artikel, Partikeln 109 f.; Charakteristik derselben I 110 ff.; Reinheit I 110 f.; Fremdwörter I 111 f.; Empfindlichkeit des griechischen Ohrs I 112; Durchsichtigkeit I 113 f.; Wörter verschiedenen Ursprungs, welche lautlich zusammenfallen I 114; Verhältnis der Vokale zu den Konsonanten, Vokale in den Dialekten I 115; Wohllaut, auch des dorischen Dialekts I 116 ff.; wird durch die neugriechische Aussprache aufgehoben I 118; Entartung der Aussprache, namentlich der Diphthonge I 118 f.; Formenreichtum, Freiheit der Wortstellung I 120 f.; Flexion, casus obliqui, Nebenformen I 121; Medium als Passivum, Modi I 121 ff.; Tempora, Numeri I 122; Reichtum in der Zusammensetzung I 123; im Vergleich zum Lateinischen A. 188; Arten der Zusammensetzung I 124; Wortschatz I 124 ff.; griechische nur im Lateinischen erhaltene Wörter I 125, A. 197; Reichtum an Synonymik, die griechische Sprache für Poesie und Prosa gleich befähigt I 125 f.; poetischer Zug in den Eigennamen I 126 f.; Tiernamen I 127 f.; Einfluss des Volkslebens auf die Sprache I 129; Partikeln I 130 ff.; Interjektionen I 132; Satzbau, Attraktion, Satzverschränkung, Übergang aus der indirekten in die direkte Rede, Ellipse, Brachylogie, Redefiguren, derselbe Gedanke po-

sitiv und negativ ausgedrückt, Anschaulichkeit, Participia, Anakoluthien, Relativsätze, Übergang derselben in den Hauptsatz, Parenthesen, Parataxis und Syntaxis I 132 ff.
Griechische Stämme als Barbaren von Griechen bezeichnet I 37.
γρῖφος I 355, A. 134.
Grofsgriechenland zu Augustus' Zeit völlig romanisiert I 41.
Grote und die Homerische Frage I 520 f.
Gyges von Lydien I 480, II 178.
Gymnastik liefert zahlreiche bildliche Ausdrücke I 129, A. 210.
γυναικονόμοι bei Menandros IV 205, A. 109; bei Timokles IV 163, A. 161.

Habron, Freigelassener des Tryphon I 175.
Hadrian, Bibliothek in Athen I 216: als Nachahmer des Antimachos II 484, A. 34.
Haimos, schriftliche Aufzeichnungen Orphischer Lehren im dortigen Heiligtum II 83.
Halikarnafs, Namensverzeichnis zum Zeugnis des gemischten Ursprungs der Bevölkerung I 39; vgl. II 384, IV 242; Mundart I 65; büfst die dorische Mundart ein I 65; Gründungszeit II 385, A. 6.
Handel und Gewerbe II 10.
Handschriften, im Altertum revidiert I 235; Verderbnis derselben bereits im Altertum I 235, A. 136; älteste I 238; älteste des Mittelalters I 239; alexandrinische und pergamenische in ihrer Bedeutung für die Kritik im Altertum I 252, A. 36; Illustrationen in ihnen I 236.
Handschriftenfälschungen im Altertum I 236.
Hanno IV 508.
Harmodios und Aristogeiton, Simonides' Epigramm für ihr Denkmal II 360, A. 106.
Harpagosmonument I 46.
Harpalischer Prozefs IV 409.
Harpokration über Herodot IV 252, A. 48.
Harpyien bei Akusilaos II 403.
Hedyle, Hedylos I 165.
Hedylos IV 528.
Hegemon aus Thasos II 487.
Hegesandros, Redner IV 400.

Hegesandros von Delphi, Γελοῖα ἀποφθέγματα IV 133, A. 32.
Hegesias im Urteil der Alexandriner I 288.
'Ηγησῖνος aus Salamis als Verfasser der Kyprien II 45 f.
'Ηγησίνους, seine Atthis II 72, vgl. 46, A. 46.
Hegesippos, Redner IV 400; als Verfasser der unter Demosthenes' Namen überlieferten Rede über den Halonnes IV 389.
Hegias s. Hegesinus.
Heiliger Krieg, erster II 9.
Hekataios von Milet II 404 ff.; politische Thätigkeit, Reisen, Zeit seiner schriftstellerischen Thätigkeit 404 f.; γενεαλογία (ἡρωολογία) 405 f.; γῆς περίοδος 406 f.; Einflufs auf Herodot 408; Dialekt und Darstellung 409, vgl. I 84; im Urteile des Herodotos I 269 f.
Hekatehymnus als Interpolation in Hesiods Theogonie I 984.
Hektor, Deutung und Ursprung des Namens I 813.
Hektor von Chios in Beziehung auf die Zeit des Homer I 468.
Heldenlieder vor Homer I 347 ff., 420 ff.; Entwickelung in der Aiolis I 417.
Heldensage und Epos I 420.
Helena, Musaios' Tochter I 406.
Helikonios I 235, A. 135.
Heliodoros, Grammatiker, und das Einrücken der Zeilen I 234, A. 133.
Hellanikos, Chorizont I 511, 896, A. 27.
Hellanikos, Logograph aus Mitylene IV 240 f., 270, A. 89; Ἀτθίς von Thukydides citiert IV 284, A. 131; Περσικά IV 251, A. 44; Verzeichnis der Καρνεονῖκαι I 265, II 390, A. 20; über die Verfasser der kyklischen Epen I 890, A. 12; über Kinaithon II 31, A. 6; über den Verfasser der kleinen Ilias II 50, A. 57.
Hellanikos, Orphiker II 88.
Hellas in Ilias und Odyssee I 732 f.
Hellenen, von fremden Stämmen durchsetzt I 38 f.; nicht die ursprünglichen Bewohner Griechenlands I 308.
Hellenentum, einheitliches Wesen trotz der Stammesunterschiede I 27 ff.; Beredsamkeit und dichterische Begabung als wesentliche Charakterzüge, Harmonie zwischen Wissen

und Wollen 29; plastisches Talent
30; Mängel des Nationalcharakters
I 31f.; in seiner Hingabe an nichthellenische Einflüsse I 49.
Hellenisierung seit Alexander dem
Grofsen I 51.
Heniochos' Polyeuktos IV 132, 168,
auch A. 193.
Hephaistos' Dienerinnen (II. Σ 417ff.)
I 627, A. 255.
Hera, vom Hephaistos gefesselt, als
Gegenstand eines Prooemiums I 761,
A. 48.
Herakleia des Kinaithon II 70.
Herakleia des Peisandros II 73.
Herakleides, Söldnerführer IV 454.
Herakleides ὁ κριτικός IV 507, A. 279.
Herakleides Lembos IV 518f.; excerpiert Satyros' Biographieen und διαδοχαί τῶν φιλοσόφων I 253.
Herakleides Pontikos IV 507; über die
vorhomerische Poesie I 404; verfafst Dramen unter Thespis' Namen
I 245, III 259; über die Dichtkunst
I 271; über den Vortrag der Homerischen Gedichte I 436, A. 35: Homerische Studien I 894; über das Zeitalter des Homer und Hesiod I 933,
A. 34; sammelt Antimachos' Gedichte I 262.
Herakles im vorhomerischen Liede I
349; im Satyrdrama III 246; seine
Gefräfsigkeit als Gegenstand der
Komödie IV 89, A. 132; Zwölfzahl
seiner Kämpfe II 73; sein Feuertod
III 393, A. 113; mit Löwenfell und
Keule zuerst bei Peisandros I 998;
in Dichtung und bildender Kunst
seit Peisandros II 73; zu Diomeia
Schutzpatron der Parasiten IV 133,
A. 32.
Herakleitos IV 413 ff.; Berechnung
seiner ἀκμή I 301, A. 70; seine
Schriften im Tempel der Artemis
zu Ephesos I 214, A. 70; ἀλληγορίαι
I 912; über die Homerischen Götter
I 890; Urteil über Hesiod I 1022;
über die Bedeutung der Tage nach
den W. u. T. I 957, A. 41; über
die Theogonie I 974; Zeugnisse über
Orpheus I 399; über Pythagoras'
Orphische Lehren II 437, A. 77; 438,
A. 81; Sprichwörtliches I 365; seine
Dunkelheit und die Interpunktion
I 234; bei Plut. de Pyth. orac. c. 6
I 342, A. 90.

Hercynia silva IV 274; bei Aristoteles IV 274, A. 101; 488, A. 210.
Herkulanisches Fragment über Geschichte der Philosophie I 295.
Hermann, Gottfr., und die Homerische
Frage I 515.
Hermeias von Atarneus und Aristoteles IV 473.
Hermes beim Diaskeuasten der Ilias
I 641, A. 312; — und das Zwölfgöttersystem I 762, A. 49.
Hermes trismegistos IV 571ff.; namentlich 573, A. 111; in der christlichen
und arabischen Litteratur IV 578.
Hermesianax von Kolophon I 144, II
511.
Hermetische Schriften IV 571ff.
Hermippos der ältere, aus Smyrna (?)
Καλλιμάχειος IV 517f.; über Hipponax II 332, A. 130; Βίοι I 277, IV
517, A. 12; Πίνακες IV 460, A. 181;
historische Kritik I 278.
Hermippos aus Berytos IV 518, A. 14;
περὶ τῶν διαπρεψάντων ἐν παιδείᾳ
δούλων I 175, A. 43.
Hermippos, der jüngere, von Byblos
περὶ ἐνδόξων ἀνδρῶν I 278, A. 26.
Hermippos, Komödiendichter IV 61 f.;
Ἀρτοπώλιδες IV 62, A. 69; Ἀθηνᾶς
γοναί 62, A. 69; 105, A. 175;
Εὐρώπη, Θεοί, Κέρκωπες, Μοῖραι,
Στρατιῶται, Φορμοφόροι 62, A. 69;
als Iambograph auch II 511, III 56.
Hermodoros aus Syrakus, Buchhandel
mit Platons Schriften I 218; als
Verfasser von Plat. epist. VII; IV
472.
Hermodotos, Lyriker II 544.
Hermogenes, Eleat, in Platons Kratylos
IV 456; als Quelle für Xenophons
Memorabilien IV 503, A. 184.
Hermogenes von Smyrna, περὶ τῆς
Ὁμήρου σοφίας, περὶ τῆς πατρίδος
I 448, A. 15; sein Monument mit
Verzeichnis seiner Schriften I 275,
A. 20.
Hermogenes von Tarsos IV 556f.
Hermon von Delos über den Vogelflug
I 148, A. 6.
Herodas II 349, A. 68; 511.
Herodes Atticus IV 342, A. 46; 550,
auch A. 42.
Herodianos, seine Homerischen Studien
I 907.
Herodikos von Perinthos II 88.
Herodotos aus Halikarnafs IV 242 ff.;

Geburtszeit und Heimat 242; Panyasis und die politischen Händel 243; in Samos 243; wieder in der Heimat 244; Reisen 244 f.; in Athen, Vorlesung daselbst 245 (vgl. 250, A. 43; 253, 258 und I 213); Herodot in Thurioi IV 247; wieder in Athen 248; Lebensdauer 248; Ort seines Todes, sein Grab 249; sein Werk unvollendet 249 f.; wenig überarbeitet 250; Einteilung in Bücher 250 (vgl. I 227); Titel 250, A. 43; Beurteilung im Altertum 251; seitens des Thukydides 264; des Chrysostomos 267, A. 82; Entstehungszeit und -art des Werks 252 ff.; Geschichte der Freiheitskriege in Athen gearbeitet; B. V—VII (Περσικά) zur Charakteristik seiner historischen Darstellung 254 ff.; Fortführung 256; B. II 257 f., Herodots Plan nicht völlig ausgeführt, Ἀσσύριοι λόγοι 258 f.; B. III Schlufs 259; II. Teil 259 f.; Buch V, Erweiterung von B. VII 260; Überarbeitung des Werkes in Athen 260 ff.
Verhältnis zu den Logographen, Vater der Geschichte, Versuch einer Universalgeschichte 264 ff.; subjektiver Charakter, Ethnographisches 266 f.; Gegenständlichkeit der Darstellung, Geist der Perserkriege bei ihm lebendig 267 f.; Gläubigkeit 268 f.; Vorliebe für die Orakel, benutzt eine Orakelsammlung I 339; Einflufs der ägyptischen Reise IV 268 f.; er leitet die griechische Religion vom Orient her, schweigt von Zoroaster 269; seine Quellen 269 f.; politische Ansichten 270 (vgl. I 177); Ironie IV 270; seine Vorgänger 270 f.; seine Polemik I 269.

Begründer der Geographie IV 271; sein Blick für den Einfluls geographischer Verhältnisse auf die Bewohner I 9; geographische Irrtümer IV 271; Donauquelle und Pyrene 272 ff.; historische Irrtümer 274.

Dialekt und Sprache I 84, 108, A. 155; IV 275; Verwandtschaft seiner Darstellung mit dem Epos; Episoden, Reden, Zeichen und Wunder 276 ff.; als Litterarhistoriker I 184, A. 54; seine Ansicht über die ältesten Dichter I 391, 394; als Homerkritiker I 264; über die Zeit Hesiods und Homers I 460; über den Einflufs Homers und Hesiods auf die Mythenbildung I 313, 802; über Hesiods Theogonie I 974; — excerpiert von Theopompos IV 324.

Herodotos (Pseudo-), vita Homeri I 442 f.; IV 277 ff.; stammt aus der Zeit des Ephoros, Ansichten über den Ort der Entstehung Homerischer Gedichte, Unabhängigkeit von dem Historiker, keine Fälschung 277 ff.; Quellen 279; — Überschrift der vita Homeri 278, A. 116.

Herodotos von Olophyxos IV 278, A. 116.

Heroenkultus II 16; von Homer nicht erwähnt I 792.

Heroentum in den ältesten epischen Liedern I 421.

Heron aus Alexandria IV 528 f. (vgl. 527, A. 54).

Heron über Herodotos IV 252, A. 48.

Heron, der jüngere (?), Πολιορκητικά IV 529, A. 59.

Herophile, Sibylle I 343 f.

Hesiodos I 915 ff.; Leben 918 ff.; Quellen 918, A. 1; Name 918 f.; Lebensende 922; Grabstätte 923 (A. 12); Standbilder 923 f.; Charakter 924 ff.; Zeitalter 926 ff.; — ein Gesammtname für poetische Leistungen gleicher Art 938 (vgl. 246); Zahl seiner Werke, Echtes und Unechtes 938 f.; Werke und Tage 939—962; Prooemium I 747, A. 19; aus zwei nicht zusammengehörigen Gedichten zusammengesetzt 939 f.; der I. Teil zu Askra verfafst 941; sozialer und kultureller Hintergrund 941 ff.; kritische Analyse 943 ff.; Gnomen 951 und 956; die eigentlichen W. und T. 952 ff.; nicht in Askra geschrieben 952; kritische Analyse 953 ff.; die Tage 956 ff.; Schlufsfolgerungen über Kulturverhältnisse Boiotiens 958 f.; Kalenderdaten 959; Wertschätzung und Verbreitung im Altertum 959 f.; Textüberlieferung, Kritik im Altertum und in der Neuzeit 960 f.; Exemplar im Musentempel zu Thespiai 214, A. 70; Theogonie 962—995; kosmogonische Bedeutung des Gedichts 962 f.; keine Erfindung des Dichters, sondern alte Überlieferung 962 f.; ein Werk des Hesiod trotz Pausanias und der Bedenken der Neueren 965 ff.; Pandora- und Prometheusmythus in der Theogonie und in den W. und T. 969; im Greisenalter gedichtet 971 f.; keine Fälschung aus der Zeit des Peisistratos 972 ff.; als Quelle für Schriftsteller der Folgezeit 972 f.; steht nicht im Zusammenhang mit der Orphischen Dichtung 975; Lücken in der Darstellung 976, A. 22: Einzelheiten, aus denen mit Unrecht auf späteren Ursprung geschlossen wird 976 f.; die sprachliche Form für das Alter beweisend 977; kritische Analyse 978 ff.; Prooemium 975 ff. (vgl. 247 und 970); Dichterweihe I 438; Nereidenkatalog I 1019, A. 122; Flufskatalog 981 f.; Hekateepisode 982; Beschreibung des Tartaros 985 f.; Typhoensepisode 986; Schlufs der Theogonie 987; der Verfasser dieses Teils steht unter Kinaithons Einflufs 987; verschiedene Rezensionen 988 f.; kritische Versuche der Neueren 989 f.; Strophentheorie 990; Verderbtheit des Textes 991; Handschriften, Scholien 992; Quellen des Hesiod 992; Differenzen zwischen ihm und Homer 993; ein System liegt zu Grunde 993 f.; Treue und Wahrhaftigkeit des Dichters 994; Disharmonie der Teile 994 f.; im Charakter der älteren hieratischen Poesie gehalten I 329.

Schild des Herakles 995 ff.; Mifsverhältnis zwischen den beiden Teilen 996; Mängel der beschreibenden Teile im Vergleiche zu Homer 997 (vgl. I 629, A. 89); von Aristophanes von Byzanz dem Hesiod abgesprochen 997; Hesiodische und Homerische Reminiscenzen 998; Zeit der Abfassung, Beziehungen zu Werken der bildenden Kunst, Einflufs auf spätere Dichter 998 f.

Verlorene Gedichte 999 ff.; Katalog der Frauen und Eoeen 1001 ff.; nach Abschlufs der Odyssee gedichtet I 726; Aigimios 1006 f.; Hochzeit des Keyx 1007; Melampodie 1007; Theseus' Hadesfahrt 1008; Lehren des Cheiron 1008; — und die Kritik des Aristophanes von Byzanz

I 256; apokrypher Anhang zu den W. und T. I 1009; Ὀρνιθομαντεία 1009, A. 102; Astronomie 1010 (vgl. 1008, A. 101); μεγάλα ἔργα 1010; naupaktisches Epos 1011; Zeit der unechten Hesiodeischen Gedichte 1012.

Charakter der Hesiodeischen Poesie 1012 ff.; Unterschied und Gegensatz im Vergleich zu Homer 1012 ff.; Mangel an einheitlicher Komposition, etymologisierende Neigung 1014 (vgl. 757); Kunst der Schilderung und Charakteristik 1015; Berührung zwischen der boiotischen und ionischen Schule 1015; sinnbildliche Redeweise I 356; gnomisch-didaktische Dichtung 1016 f.; Sprichwörtliches I 368; Annäherung an die Homerische Dichtung I 1017 (vgl. 84, A. 87); Sprachliche Form 1018—1021; Verschiedenheiten der Darstellung in verschiedenen Gedichten 1018; Schlichtheit mit Anmut und Feinheit vereint 1018 f.; Eigennamen und ihre Zahl im Verse 1019; Abweichungen vom Homerischen Sprachgebrauch 1019 f.; Eigentümlichkeiten des Wortschatzes, Silbenmessung, Digamma, Allitteration, Versbau 1020 f.

Einflufs und Wirkung der Hesiodeischen Poesie 1022 ff.; Stellung im Jugendunterricht 1023; Popularität, Ansehen bei Philosophen, Grammatikern und anderen Schriftstellern 1023; — ästhetisch kritisierend I 266; Anschauungen über den Schauplatz der Odyssee I 789; als Verfasser von hymnus in Apollinem Pyth. I 757 ff.; als Quelle für Akusilaos II 403; für die Tragödie III 150; in Platonischen Citaten I 939, A. 43; gefälscht von Euthydemos I 243; Vortrag seiner Gedichte mit musikalischer Begleitung I 437 f.; — und seine Schule I 913 ff.

Hesychios als biographische Quelle I 292 f.; Ὀνοματολόγος κτλ. alphabetisch geordnet 292, A. 47; ursprüngliche Arbeit verloren gegangen A. 48; als Quelle für Suidas 293; Verzeichnis von Aristoteles' Schriften IV 487; benutzt Pamphilos' λέξεις IV 560.

Hesychios Illustrius, litterarische Fälschungen I 245.
Hetären in der mittleren Komödie IV 132.
Hetärenlieder I 352, A. 122.
Hexameter, daktylischer, der Vers hieratischer Poesie I 327, 387, II 116, A. 29; nicht der Ausgangspunkt metrischer Kunst I 382; vor Homer ausgebildet I 386; von Homer auf die epische Poesie übertragen I 388; aus der Verbindung anapästischer Reihen zu erklären I 385 f.; Überlieferung über den Erfinder I 386, A. 217; 387.
Hiatuslehre bei Pseudo-Aristoteles ῥητορική πρὸς Ἀλέξανδρον IV 376, A. 126.
Hieratische Poesie als Schöpferin der hellenischen Theogonie I 315; — und Homer I 330; — bei den Tragikern I 330.
Hierax von Argos II 127.
Hierokles, Kommentar zu den χρυσᾶ ἔπη II 443.
Hieron von Syrakus, Charakteristik seiner Politik IV 19 f.; als Freund der Litteratur IV 20 f.; Weihgeschenk I 384, A. 213; II 174, A. 207.
Hieronymos, Orphiker II 88.
Hieronymos aus Rhodos als Fortsetzer von Aristoteles' Νίκαι IV 498.
Hieronymos von Stridon in seinem Verhältnis zu Eusebios I 297.
Hiketas von Syrakus IV 525, A. 47.
Hipparchos, Komiker (Θαΐς) I 234 f.
Hipparchos, Sohn des Peisistratos, ordnet den zusammenhängenden Vortrag der Homerischen Dichtung an I 493, 498, A. 48; regelt den Agon der Rhapsoden I 500; seine Wegweiser I 362, II 175, A. 211.
Hippasos II 433, A. 66; 441, A. 86.
Hippias von Elis, Sophist III 612; seine Studien der ältesten Zeit I 392; Homerische Studien I 891; ἀρχαιολογία und Neoptolemos IV 334 (vgl. auch IV 449, A. 102).
Hippias von Erythrai (vgl. Athen. VI 259) I 741 f., A. 22.
Hippon ἄθεος II 417, A. 20.
Hippokrates IV 507; de arte IV 455, A. 17; stellt die Wirkung geographischer Verhältnisse auf die Bewohner Griechenlands dar I 9; seine las I 84; Ὁμηρικὸς τὴν φράσιν I 882, A. 18; Einteilung seiner Werke in Bücher I 227 f.; als Kollektivname I 246.
Hippolochos bei Athen. IV 129. 130 D III 22, A. 60.
Hippolochos, Enkomion auf ihn II 167 f.
Hippolochos aus Makedonien, Sammlung von Schwänken und Anekdoten IV 133, A. 32.
Hippolytusstatue mit Schriftenverzeichnis I 275.
Hipponakteischer Vers s. χωλίαμβος.
Hipponax II 326 ff.; Herkunft und Persönlichkeit 326 f.; Parallele zu Archilochos 328 f.; Parodien 329 f.; Stil 330; metrische Form 330 f. (vgl. 136); Wirkung und Verbreitung 332; — in der Komödie IV 225; — im alexandrinischen Kanon I 285.
Hipponikos IV 365, A. 102.
Hippys aus Rhegion IV 240.
Hirtenlieder I 353.
Historiker und ihre Polemik I 269; in der Beurteilung der späteren Gräcität I 289; der dritten Periode IV 239 ff.
Historische Grundlage Homerischer und anderer Sagen I 416; — Stoffe in der griechischen Litteratur I 142; im jüngeren Melos II 535; in der Tragödie III 186.
Hochzeitslied s. Hymenaios.
Holztafeln als Schreibmaterial I 207.
Homereion zu Smyrna I 216.
Homeriden I 455 ff.; — auf Chios I 457 f.
Homeros. Persönliches. Schriften über sein Leben I 442 ff.; Homer eine Persönlichkeit I 444 f.; sein Name I 445 ff.; Heimat: Überlieferung des Altertums I 447 ff.; Woods Annahme Kleinasiens zutreffend im allgemeinen für die Ilias I 450 f.; zweifelhaft für die Odyssee I 452 f.; die Ansprüche der kleinasiatischen Städte, namentlich Smyrnas I 453 ff.; Chios und die Homeriden I 457 ff.; Homer ein Thessalier I 653, A. 331; Zeit, deren Unsicherheit I 260; Mangel an Tradition I 463; Vermutungen des späteren Altertums I 464 ff.; neuere Ansichten I 466; Vermutungen über das Zeitalter Homers im Anschluß an die Geschichte der Kolonisierung Klein-

asiens I 467 ff.; an die Sprache des Orakels zu Delphi I 469 ff.; Beziehungen im Homerischen Epos auf Zeitereignisse als Anhalt für die Chronologie I 471 ff.; Persönliches im engeren Sinne I 474 ff.; Blindheit, Wanderleben, Tod und Grab I 475 ff.; in Kreta I 651; bildliche Darstellungen I 478; Kultus, Apotheose (Archelaos' Relief und Herkulanesische Vase) I 478 f.; Homer γραμμάτων διδάσκαλος I 204; Homer als Rhapsode I 435, 489; Homer als Kollektivname für die epische Überlieferung I 246, 501; Homer der Dichter κατ' ἐξοχήν I 674; die Kyprien ein Brautgeschenk Homers an seine Tochter II 45

Homerische Sage, Entstehung und Wanderung I 458 f.

Homerische Dichtungen, ihre Geschichte. Entstehung: die Homerischen Gedichte sind nicht das früheste Erzeugnis der griechischen Poesie I 307; ursprünglich einheitliche Kompositionen I 521 f., 531 ff.; der Homerische Dialekt und der Ursprung der Homerischen Gedichte I 462; schon ursprünglich schriftlich aufgezeichnet I 210 f., 526 ff.; Homers Satzbau als Beweis dafür I 530; Sprache und Textüberlieferung keine Beweise dagegen I 529, 531; inwieweit Reste älterer Lieder in ihnen enthalten sind I 523 ff.; Textgestaltung und ihre Wandelbarkeit I 251; durch den Vortrag der Rhapsoden beeinflufst I 495 f., 548, auch A. 38; Überarbeitungen und Erweiterungen durch jüngere Dichter und Redaktoren I 537 ff., 542 ff., 544 ff.; Redaktion des Onomakritos I 547; Verderbnis des Textes der Ausgaben des Altertums I 895, A. 26; Homerische Citate, die in unserem Homertext nicht nachweisbar sind I 857, A.;4; inwiefern grammatisch-sprachliche Kriterien für die Annahme von Interpolationen entscheiden I 541; Gliederung in Rhapsodien I 495; Einteilung in Bücher I 226, 497, A. 46; Benennungen der einzelnen Gesänge I 496; Homers Gedichte als Ganzes vorgetragen I 493 f.;

Vortrag einzelner Abschnitte I 497; Vortrag unter musikalischer Begleitung I 434 ff.; Handschriften 912; byzantinische, in der Marcuskirche, kritische Zeichen I 234, A. 133; Iliashandschrift illustriert I 237; Scholien I 908 ff.; Scholia Veneta I 910; Umfang der Homerischen Epen I 494.

Ihr Schicksal im Altertum I 479 ff.; durch staatliche Fürsorge erhalten I 262; Lykurgs Verordnung I 465; Kritik und Exegese im Altertum I 885 ff.; Anfänge der Kritik I 502; Homerische Probleme in den Studien des Altertums I 264; die Homerische Frage bei den Neueren I 512. (Im einzelnen vgl. die Namen im Register.) Verbreitung und Wirkung: Verbreitung I 479; in Sicilien I 493; bei den nicht-hellenischen Völkern Kleinasiens I 480; bei den Römern I 882 ff.; in das Indische und Persische übertragen I 882; Wirkung I 874 ff.; als Schullektüre im Altertum I 887; Einfluss auf die Kykliker I 533; als Quelle für die Tragödie III 179 f.; Einfluss auf die Dichtung überhaupt und die bildende Kunst I 483 ff.; auf die Philosophen und Historiker I 676. Charakteristik und Würdigung: unerreichte Muster epischer Kunst I 441 f.; Vereinigung von Individualismus und Idealität I 144; Objektivität I 780 f.; Sagentradition und dichterische Gestaltung, Erweiterung des Stoffs, Wahrhaftigkeit I 781 f.; Beziehungen auf gleichzeitige Ereignisse I 471; Naturschilderung I 782 f.; geographische Beschreibungen und Anschauungen I 783 ff.; Beiworte zur Schilderung der Gegend I 790 f.; Schilderung menschlicher Zustände, historische Treue I 791 ff.; Anachronismen, zahlreicher in der Odyssee als in der Ilias I 793 f.; psychologische Kunst I 794 ff.; das Komische I 797 f.; das Wunderbare I 799 ff.; Eingreifen der Götter in die Handlung I 799 f.; das Religiöse und Sittliche I 800 ff.; Aberglaube I 801; Anschauungen über das Leben nach dem Tode I 802 f.; Klarheit des politischen Urteils I 803; Schuld und Unglück I 804; Mäfsigung, Treue I 804 f.; Knabenliebe, Unparteilichkeit I 805; Züge von Roheit und Leidenschaftlichkeit I 806. **Wahl und Behandlung des Stoffs** I 806 ff.: Selbständigkeit älteren Liedern gegenüber I 807 f.; Einführung neuer Personen in der Ilias I 808 f.; Originalität der Odyssee in der Stoffgestaltung I 809 f.; Namengebung I 810 ff.; Einheit der Komposition I 814 ff.; im Vergleich zu den Gedichten des epischen Kyklos I 815; Episoden I 540 f., 816 ff.; Parallelismus in der Erzählung I 657, 703 ff.; Einheit der Person I 818; Charakteristik des Achilleus I 818; des Odysseus I 819; Einheit der Zeit und des Orts I 820; Anlage und tragischer Charakter der Ilias I 821; kunstvolle Komposition und gemütlicher Charakter der Odyssee I 823 ff.; ruhiger Fortschritt, Detaillierung, dichterische Freiheit in der Erzählung I 825 ff.; Homer immer neu I 827; Seeleben I 827; Schlachtenscenen, ihre Naturwahrheit aus Selbsterlebnissen des Dichters erklärt I 827 f. Beschreibendes Element in seiner Beschränkung I 828 ff.; dramatisches Element I 830; rhetorisches Element I 831; Sprachweisheit I 361; in ihrer Bedeutung für die Charakteristik des Dichters I 832 f.; Sprichwörtliches I 367 ff.; Widersprüche, wirkliche oder vermeintliche I 538 ff.; Wiederholungen derselben Verse 541 f.

Der epische Stil I 833 ff.; Tradition des vorhomerisch-epischen Stils I 834 f.; formelhafte und wiederkehrende Verse I 835 f.; stehende Beiworte I 836 f.; im Vergleich zur lyrischen und dramatischen Poesie I 837 und A. 102; Beiworte älteren Ursprungs I 837 f.; Tautologien I 838 f.; Allitteration und Reimartiges I 839; Adel und Würde der Darstellung, Angemessenheit I 839 ff.; Reden, die Gleichnisse fehlen, aber Gnomen sind in ihnen zahlreich I 840; Beziehungen auf andere Sagenkreise I 841 f.; Schilderung durch Formen und Farben I 842; das Zeitwort I 843; Personifikation,

Apostrophe, Anadiplosis, Onomatopoetisches I 843 f. Vergleiche I 845 ff.; verglichen mit den Gleichnissen jüngerer Dichter und Vergils I 645 (vgl. 848, A. 129); Ilias und Odyssee in dieser Beziehung verglichen, Verschiedenheit auf diesem Gebiet zwischen den einzelnen Gesängen I 849 f.; s. auch Gleichnisse.

Sprachliche Form: der Homerische Dialekt dem altionischen Dialekt nicht gleichzusetzen I 58; ein Kunstprodukt I 84; im Urteil der alten Grammatiker I 851, A. 136; Homers Atticismus nach Aristarch I 449; der ionische Dialekt als Grundform mit aiolischen Elementen versetzt I 851; keine Volkssprache I 852; die Aiolismen erklären sich aus dem thessalischen Ursprung des Heldenliedes I 853; Aiolismen I 853 f.; Älteres und Jüngeres I 854; ionische Eigentümlichkeiten vermieden I 855; Digamma I 855 ff.; Hiatus I 856; Veränderungen der ursprünglichen Sprachform I 857 ff.; Umsetzung der Gedichte in die jüngere Schrift I 858. — **Wortschatz** I 859 ff.; Mischung der Dialekte I 860; Volkstümliches im Ausdruck 860; Gewähltes im Ausdruck, ἅπαξ λεγόμενα I 861; Reichtum an Worten und Wortformen I 862 f.

Syntaktisches I 863 ff.; Subjekt neutr. plur. mit pluralischem Prädikat I 863; Artikel I 863 f.; tempora und modi I 864 f.; Wortstellung, Satzgefüge, Anakoluthe I 865 f.

Silbenmessung I 866 ff.; Daktylen und Spondeen I 869 ff.; Diaerese der Diphthonge I 870; Caesuren I 871; spondiaci I 871; Strophentheorie I 871 f.

Ilias. Alter und Berechtigung dieser Bezeichnung I 645, A. 324; nur der Ilias kommt Homers Name zu I 738 ff.; Ilias als Name des Homerischen Gedichts I 551; Chronologie der Ilias und Il. Σ I 626, vgl. 628, A. 257; — und Il. T I 629; — und Il. Φ I 635; epitome I 584, A. 22.

Kritische Analyse I 552 ff. Il. Prooem. I 552 f.; Il. Α I 540,

553 ff.; II. *B* I 554 ff.; II. *Γ* und *Δ* I 566 ff.; II. *E* I 573 ff.; II. *Z* I 580 ff.; II. *H* I 583 ff.; II. *Θ* I 587 ff.; II. *I* I 590 ff.; II. *K* I 597 ff.; II. *Λ* I 599 ff.; II. *M* I 602 ff.; II. *N, Ξ, O* I 603 ff.; II. *N* I 606 ff.; II *Ξ* I 609 f.; II. *O* I 613 ff.; II. *Π* I 615 ff.; II. *P* I 619 ff.; II. *Σ-Ω* I 621 f.; II. *Σ* I 622 ff.; II. *T* I 626 ff.; II. *Y* I 633 f.; II. *Φ* I 634 ff., lag dem Verfasser des Troerkatalogs in anderer Gestalt vor I 565; II. *X* I 636 ff.; II. *Ψ* und *Ω* I 637 ff. Ergebnisse der Analyse I 645 ff. Odyssee. Entstehungszeit I 474; jünger und von anderem Verfasser als die Ilias I 730 ff., 740; vor Ol. 37 abgeschlossen I 684, A. 75; wo gedichtet? I 740 ff.; ohne Beziehung auf die Ilias I 737; in Sparta erweitert und abgeschlossen I 725; einheitlicher Eindruck im Vergleich zur Ilias I 654; inwieweit interpoliert I 656 ff.; Nachdichter in der Odyssee I 696 f.; Plan und Anlage I 495, 656 ff.; moderne Theorien über ihre Zusammensetzung I 655; Chronologie I 658 ff., 703 ff.; die Odyssee dem Verfasser von Agamemnons Heerschau II. *Λ* bekannt I 572; Einzelrhapsodien, ihrem Umfange nach I 690, A. 68. Kritische Analyse I 654 ff. Od. Prooemium I 662; α-ϑ, ein integrierender Bestandteil des Epos I 660 ff.; Od. α I 663 ff.; Od. β I 665; Od. γ I 665 f.; Od. δ I 666 ff.; Od. ε-ν, Gliederung und allgemeine Charakteristik I 670 f.; Od. ε I 671; Od. ζ I 671 f.; Od. η I 672 ff.; Od. ϑ I 675 ff.; Od. ι-μ I 683 ff. (zu ι vgl. 525); Od. ν-ω I 693 ff.; Od. ν I 698 ff.; Od. ξ I 701 f.; Od. ο I 702 ff.; Od. π I 705 ff.; Od. ρ I 707 f.; Od. σ I 708 ff.; Od. τ I 710 ff.; Od. υ I 715 f.; Od. φ I 716; Od. χ I 716 ff.; Od. ψ-ω I 718 ff. Ergebnisse der Analyse I 721 f. Ilias und Odyssee. Beschränkung des Namens Homer auf Ilias und Odyssee I 509 f.; welche von beiden Dichtungen die ältere sei I 728; Verschiedenheiten beider Gedichte I 727 ff., im Wortschatz I 731; im Metrum und in der Prosodie I 732; in ihrem Zeitverhältnis zu einander I 473.

Hymnen I 744 ff.; eine Sammlung für den Gebrauch der Rhapsoden I 748 f.; sind weltliche, nicht religiöse Dichtungen I 749; in verkürzter Fassung überliefert I 750; warum im Altertum auf Homer zurückgeführt I 750; in der Kritik der Alexandriner, ihr Ursprung I 751; Chronologisches I 752; Beurteilung im Altertum und Überlieferung I 770 f.
Hymnus I I 749, 750, 753 ff.; als Beispiel ionischer Kunstübung während der zweiten Periode II 243; Kopie in Delos ausgestellt I 755; sein Verfasser kein Abkömmling der Homeriden I 487, A. 15; — und Kynaithos I 546, A. 36; auf ein λεύκωμα geschrieben I 207, A. 50; in Apoll. Del. bei Thukyd. III 104, I 771, A. 74; in Apoll. Pyth. I 755 ff.; auf Homer zurückgeführt I 758; in Apoll. Del. et Pyth. auf Homer und Hesiod zurückgeführt I 929; Hymnus II I 760 ff.; Hymnus III I 766 ff.; Hymnus IV I 746, A. 10; 768 ff.; Hymnus VI I 747, 748, 753; Hymnus VII I 747, 753; Hymnus VIII I 746, A. 10; 752; Hymnus IX I 746, A. 10; 752; Hymnus XII I 746, A. 10; Hymnus XIII I 750; Hymnus XV I 746, A. 10; 753; Hymnus XVII I 746, A. 10; 750; Hymnus XVIII I 746, A. 10; Hymnus XIX I 748, 750, 751; Hymnus XX I 746, A. 10; Hymnus XXII I 746, A. 10; Hymnus XXIII I 746, A. 10; 747; Hymnus XXIV I 750; Hymnus XXV I 751; Hymnus XXVI I 746, A. 10; Hymnus XXVIII I 753; Hymnus XXXI I 746, A. 10; 751, A. 25; Hymnus XXXII I 751, A. 28; Hymnus XXXIII I 750.
Kleinere Dichtungen I 772 ff., 777 ff.; Batrachomyomachia I 772 ff.; Margites I 774 ff.; ihr Entstehungsort nach Ephoros und Pseudo-Herodotos IV 279, A. 121.

Homeros, Anschauungen und Ausdrucksweisen im Gegensatz zum nichthellenischen Wesen I 34, A. 4.

Homerus und das Rätsel I 354; und die Tierfabel I 369, A. 177; und Hesiodos' Einfluss auf die Entwickelung der Mythen I 313; Unterschied in der Behandlung der Mythen

I 317; in den theogonischen Vorstellungen I 993; im musischen Agon I 437, A. 39; 476, 757 f.; ikonische Darstellungen im Weihgeschenk des Smikythos I 438, A. 41; Verwandtschaft mit Sophokles I 830 f.
Homeros von Byzanz IV 515.
Homeros Φωκεύς (Φωκαεύς) bei Tzetzes I 930, A. 29.
Honorar der Schriftsteller I 178 ff.; der Komponisten beim musischen Agon II 506, A. 24; scenischer Dichter III 61; der Sophisten IV 334 f.
Hophra und griechische Söldner II 11.
Horaz und Simonides II 376.
Hybrias II 201, A. 1.
Hyginos' Fabeln als Quellenbuch für die Tragödie III 179.
Hyllichos, Grofsvater des Simonides II 358, A. 96.
Hymenaios I 350, 391.
Hymnen: Begriffsbestimmung II 172 f.; Orphische II 93; auf Eros II 93, A. 58; des Musaios II 80. Siehe Homeros.
Hymnenpoesie als Quelle für Hesiod I 992.
Hyperbolos als Redner IV 350 (vgl. 349).
Hyperdorismus I 59; bei Theokrit I 80, A. 81.
Hypereia, Hypera im Gebiet von Troizen I 787.
Hypereides, Redner IV 899 f., 406; als Schüler des Isokrates IV 373; als Verfasser von Demosthenes in Aristogitonem IV 392, 395, A. 147; in der mittleren Komödie I 137; ob noch in byzantinischer Zeit erhalten I 153, A. 17.
Hyperkritik im Altertum I 254.
Hypodikos III 269, A. 66.
Hyporchema, Alter desselben I 724, A. 194; bei Homer II 134; von Xenodamos ausgebildet II 229.
Hypsikles, Mathematiker IV 522.

I in vorhistorischer Zeit geschwunden und anderweitig ersetzt I 92 f.; — und die Zischlaute im griechischen Alphabet I 189.
Jahreszeiten werden in der ältesten Zeit nur drei gezählt I 53; bei Homer, Hesiod, Alkman I 53, A. 4.
Iakchos, Sohn der Persephone III 11, A. 25.

Ialemos I 350, 391.
Iambische Poesie zur epischen gerechnet I 431; Versmafs II 119; Dialekt II 143.
Iambische Tetrameter s. dramatische Dichtung.
Iambische Trimeter, im Drama s. dramatische Dichtung; im Margites und anderen älteren Dichtungen I 775 f., auch A. 87.
Iamblichos IV 568 f.; über Pythagoras II 430; über die Diadochie der Pythagoreer IV 416 f.; Kommentar zu den χρυσᾶ ἔπη II 443.
Iambographen und namentlich Archilochus in ihrem Einflufs auf die rhythmischen Formen der Komödie III 118; im alexandrinischen Kanon I 285.
ἴαμβοι, ἰαμβισταί III 10 f., A. 16; IV 3, A. 6; s. auch Spottlieder.
Ἴαμβος, Kriegername bei Arktinos II 59, A. 80.
Iambyke II 123, 133.
Iason von Pherai, seine antipersischen Pläne II 469.
Ἰβηρία IV 273, A. 99 (vgl. 279, A. 120).
Ibykos II 332 ff.; Herkunft und Lebenszeit 332 f.; Sage von seinem Ende 333; Stoff und Gattung seiner Dichtung 334 f.; Charaktere 335; Stil, Sprache, metrische Form, Melodien 336 (vgl. II 139); Dialekt II 145.
Idaios von Himera II 429.
Idaios von Rhodos, Interpolator des Homer I 889.
Idealismus der griechischen Litteratur I 144.
ἴδια (ᾄσματα) III 131, A. 431.
Idmon läfst Aisopos frei I 374, A. 192.
Idomeneus in die Ilias durch den Diaskeuasten eingeführt I 598, 601; — in der Odyssee I 665, 702.
Idyllische Poesie bei den Alexandrinern IV 514.
ἱερός, ursprüngliche Bedeutung I 329, A. 39.
ἱερὸς λόγος der Pythagoreer I 991, A. 65; ἱεροὶ λόγοι, Orphische Dichtung II 93 ff.
Ιυδίς III 166, A. 547.
Ikaria und die Anfänge des Dramas III 7, A. 14; 255.
Ἴκρια III 34, A. 106.
Ἰλιὰς κακῶν I 821, A. 77.

Ἰλιὰς μικρά des Lesches II 50; im Unterschiede zur Homerischen Ilias I 551, A. 1; als Fundgrube für die Tragödie II 51.
Ilias, syrischer Palimpsest, Tonzeichen I 234, A. 133.
Ilion, geographische Lage I 783f.
Ἰλίου πέρσις des Arktinos II 49; als Teil der kleinen Ilias II 51, A. 59.
Imperativformen auf -όντων und -έσθων statt -έτωσαν und -έσθωσαν II 475, A. 27.
Inchoativformen auf -σκον unterscheiden Aorist und Imperfektum I 109, A. 156.
Indische Kultur von der griechischen beeinflufst III 171; — Fabeln nur durch Vermittelung in Hellas eingeführt III 373; — Dramen vom griechischen Drama beeinflufst III 171.
Infinitiv statt des Imperativ I 134.
Inhaltsangaben in den Werken der griechischen Litteratur I 232f.
Inschrift von Delos auf dem Weihgeschenk der Naxier bewahrt das Digamma (Cauer III 519) I 96, A. 122.
Inschriften des griechischen Mittelalters II 22ff.; als Belege für den Übergang der Dialekte in die κοινή I 79.
Interjektionen aufserhalb des Verses III 154.
Interpolationen der Dramen durch Schauspieler III 70f.
Interpunktion I 234; auf Inschriften A. 133; — der Alexandriner A. 132.
Ἰοβάκχεια = *Λήναια* III 26, A. 77.
Iobakchos A. 31.
Johannes Xiphilinos, Auszug aus Cassius Dio IV 543.
Johannes von Gaza II 357, A. 91.
Ion von Chios III 603ff.; Dramen Ὀμφάλη, Φρουροί, Φοῖνιξ III 604, A. 18; als Lyriker II 511, III 603, A. 11; III 605; als Prosaiker Ἐπιδημίαι, Πρεσβευτικός, Συνεκδημητικός, Χίου κτίσις, Ὑπομνήματα III 606, A. 25; IV 316; Τριαγμοί I 247, A. 157; 394, A. 233; III 605, A. 23 und 24; 607, auch A. 29; vielseitig in seiner litterarischen Thätigkeit s. auch I 170, III 56; über die älteste Poesie I 394; über Pythagoras und Orpheus II 57, A.

38; 90, A. 44; schreibt in attischer und ionischer Mundart I 85, A. 89.
Ion im Platonischen Dialog IV 454.
Ionien als Entwickelungsstätte des Epos I 417f.
Ionischer Dialekt I 67ff.; örtliche Unterschiede, Herodots Unterscheidung, nichthellenische Einflüfse 68; ältere und jüngere Ias 69; charakteristische Eigentümlichkeiten 70f.; Ausbildung durch die Litteratur 71; Verschwinden 79; Stellung in der Litteratur II 471; als Mundart der ältesten Prosa II 395; des delphischen Orakels I 335.
Ionische Kolonien unter dem Einflufs der alten Einwohnerschaft I 413; — Städte und ihre politische Entwickelung II 7; — Stammessagen im ionischen Epos völlig zurücktretend I 426.
Ἰωνοκάμπτας II 537, A. 45.
Iophon III 364, A. 31; III 609; — und Sophokles' Antigone III 69, A. 239.
Iophon, des jüngeren Sophokles' Sohn III 365, A. 32.
Ios und Homers Herkunft I 454; Bedeutung für die Homerische Poesie I 477, A. 75.
Iosephos' Selbstbiographie I 291.
Iphigeneias Opfertod von den drei Tragikern verschieden begründet III 184, A. 21.
Iphikrates als Redner IV 351.
Iphitos' Diskos II 385, A. 7.
Ipsos, Schlacht, Wendepunkt einer neuen Litteraturperiode II 449.
Iranisches Hochland, Ursprungsland auch der Hellenen I 309.
Iros in der Odyssee, eine historische Anspielung I 742, 794.
Isaios aus Assyrien IV 547.
Isaios aus Athen IV 374f.; Schüler des Isokrates 373; sein Einflufs auf Demosthenes 378.
Isis in den hermetischen Schriften IV 572.
Isokrates IV 360ff.; Biographisches, seine Lehrer, Schüler des Gorgias 343, 360; Sokrates' (bei Platon) Urteil über ihn 360ff.; Charakter, πρὸς Εὐθύνουν ἀμάρτυρος, Rednerschule in Chios, Athen, Erfolge 361f.; seine Ansicht über die Redekunst und das Ziel seines Unterrichts, publizistische Bedeutung

seiner Reden 361 ff.; Zahl seiner Reden, Briefe, περὶ ἀντιδόσεως 363; περὶ τοῦ ζεύγους 363 f.; κατὰ σοφιστῶν 364 f.; Ἑλένη, Βούσιρις, πρὸς Δημόνικον, πρὸς Νικοκλέα, Νικοκλῆς ἢ Κύπριοι, Πλαταϊκός, Ἀρχίδαμος, Φίλιππος 365 ff.; Πανηγυρικός 354,367; περὶ εἰρήνης 367 ff.; Ἀρεοπαγιτικός 369 ff.; Παναθηναικός 371; sein Tod 372; Charakteristik und Würdigung 372 f.; stilistische Kunst, Lehrbuch darüber 373; seine Schüler 373 f.; Gegner und Anhänger 374; Selbstüberhebung 363, A. 96; τραπεζιτικός 363, A. 97; seine Gegnerschaft gegen die Sophisten I 269; κατὰ τῶν σοφιστῶν und sein Verhältnis zu Platon IV 420; antipersische Bestrebungen II 469; seine epideiktischen Reden nur für die Lektüre bestimmt I 213 A. 69; sein Einflufs auf die Historiographie und Prosa überhaupt IV 322 f.; — in der Komödie IV 106, A. 184; 107; in Platons Euthydemos IV 465; — und Nikokles I 179; sein Honorar für rhetorischen Kursus I 180; Fälschungen durch Buchhändlerspekulation I 243; seine Schule über das Sprichwort I 367.
Isthmische Festspiele II 15, 149; — Siegerverzeichnisse II 385
ἱστορεῖν, ἱστορία II 395.
ἱστορικός, ἱστοριογράφος II 398, A. 1.
Istros, Ἀτθίς IV 322.
Istros aus Kallatis περὶ τραγῳδίας III 356, A. 1.
Istros, Sklave und Schüler des Kallimachos I 175.
Italien in der Odyssee I 789 f.
Ἰταλικοί = Pythagoreer II 412, A. 4.
Ithaka nach der Odyssee I 784 ff.
ἰθύφαλλοι III 9, A. 16.
Juba von Mauretanien litterarisch thätig I 177, A. 45; Θεατρικὴ ἱστορία I 279; Bücherliebhaberei I 217, A. 80; Fälschung pythagoreischer Litteratur I 241, IV 419, A. 25.
Juden in Alexandria IV 512.
Julians Briefe zum Teil unecht I 250; als Verfasser pseudo-anakreontischer Dichtung II 353, A. 80.
Julius Africanus, χρονογραφίαι I 296; seine Quellen und Bedeutung für die spätere Chronographie I 298.

Julius Valerius, vita Alexandri IV 327.
Julos, ländliches Lied I 353.
Jungfrauenchöre im Delphi II 112.
Junius Rusticus und Dio Chrysostomos IV 548, A. 33.
IY, Diphthong, Schwund und Ersatz desselben I 99, A. 133.
ἰυγμός I 352, A. 119.

Kadmos von Milet II 401; Blütezeit II 393; ob ihm oder dem Pherekydes die Priorität in der Geschichtsschreibung zustehe II 391 f.; von Bion von Prokonnesos benutzt I 253, A. 167; seine Beeinflussung des ionischen Alphabets I 190, A. 13.
Kadmos von Theben und die Schrift I 197 f.
Kadmosorakel I 331.
Kaikosthenes IV 233, A. 219.
καινοὶ τραγῳδοί III 29, A. 86.
Kalender, attischer, auf unsere Zeitrechnung zurückzuführen mifslich III 13, A. 35.
Kalender, illustrierter, in einem attischen Bildwerk III 15, A. 41.
Kalliades, Komiker (Ἄγνοια) IV 171, A. 2.
Kallias' γραμματικὴ τραγῳδία I 194, A. 23; IV 102, auch A. 167.
Kallias, Platons Gastfreund IV 439.
Kallikles in Platons Gorgias IV 442, 446.
Kallikrates' Moschion IV 132, A. 31.
Kallimachos, Αἴτια, der Eingang in Anlehnung an den Anfang des Prooemiums von Hesiods Theogonie I 979, A. 28; — und Hekale, wie lange bekannt? I 152, A. 14; εἰς λουτρὰ τῆς Παλλάδος II 219, A. 55; Hymnus auf Demeter als Nachbildung des kitharödischen Nomos des Terpandros II 212 f., auch A 31; Πίνακες III 64, A. 216; — und die Homerischen Hymnen I 749, 770; — Erneuerer der alten Nomenpoesie I 749, II 166; — als Bearbeiter der Fabeln des Aisopos I 379; seine Kritik I 253; die Echtheit von Parmenides' Lehrgedicht nicht bezweifelt I 254; ästhetisch-kritisierend I 267; konservativ in der Behandlung mythischer Stoffe I 144; seine litterarische Fehde mit Apollonios I 267, IV 513; Hemiamben bei ihm II 349, A. 68; Schriften von ihm fälschlich unter verschie-

denen Titeln angeführt I 225; im
Urteil der Alexandriner I 287.
Kallimedon bei Eubulos, Komiker IV
160, A. 144.
Kallinos II 178 ff.; Zeitbestimmung 178;
Tendenz seiner Dichtung 179 f.; seine
Elegie 180 f.; als Schöpfer der Elegie
II 116; benutzt in der Theognideischen Sammlung II 310; Versmafs
II 136.
Kallinos, Abschreiber von Ruf I 236.
Kallipides, Schauspieler realistischer
Richtung III 95.
Kallippos aus Kyzikos, Zeitrechnung,
Sphärentheorie II 486; als Verfasser
der ῥητορικὴ πρὸς Ἀλέξανδρον IV
485, A. 192.
Kallisthenes, Historiker IV 326 f.;
schaltet II. B 855 zwei Verse ein
IV 893, A. 20; — und Aristoteles
IV 488, A. 210.
Kallistratos, des Aristophanes von
Byzanz Schüler I 697, A. 29.
Kallistratos, Komiker IV 76, A. 113.
Kallistratos, Redner IV 351; in der
Komödie IV 105, A. 181; 137.
Kallistratos von Samos und das ionische Alphabet I 190, A. 13.
Kallon II 203, A. 3.
Καλλονή II 351, A. 74.
καλοκἀγαθία I 28; angeblich bei
Solon II 414, A. 10.
Kalondas aus Naxos (Korax) II 184,
A. 18.
Kalydonische Jagd im vorhomerischen
Liede I 349.
Καμαριναίως λέγει (Hesych.) II 88,
A. 41.
Κάμινος I 780, A. 100.
κάμπη I 372, A. 184.
Kampfrichter im musischen Agon II
506.
Kandaules II 178, A. 2.
κανδαύλης, phrygisch = Hundewürger
I 42, A. 19.
Kanon, alexandrinischer I 294 ff.; der
zehn Redner I 288, IV 554, A. 54;
— der jüngeren Sophisten (ἐπιδεύτεροι) I 288, A. 42.
κανών, Monochord IV 524, A. 42.
κανών des Pythagoras II 439, A. 84.
κἂν ὓς γνοίη IV 430, A. 56.
Kapion I 765, II 123, 217.
Καπνίας s. Ekphantides.
Kappadokier und die griechische
Sprache I 52.

κάραξον, mundartlich = κράξον I 54,
A. 5.
Karer I 39, 41 f.
Καρικὸν τεῖχος I 44, A. 22.
Karische Kolonien in Afrika I 44,
A. 22; — Namen, verwandt oder
identisch mit lykischen I 44, A. 44;
— Sprache, von der griechischen
beeinflufst I 45, A. 26; καρίζειν =
βαρβαρίζειν I 45, A. 26.
Karkinos der ältere III 610; seine Bemühungen um die Orchestik III 164,
A. 539.
Karkinos der jüngere III 620.
Karkinos von Naupaktos (Ναυπάκτια
ἔπη) I 1011.
Karneen II 149, A. 136; 385.
Καρνεῖος, Καρνιάδης IV 531, A. 66.
καρνεονῖκαι des Hellanikos I 265,
II 31, A. 6; II 149, A. 136.
καρτερός in allen Mundarten I 58,
A. 20.
Karystios περὶ διδασκαλιῶν III 64,
A. 216; IV 498.
Kassotis I 320.
Kastorion II 544.
καταβαυκάλησις s. Wiegenlied.
καταχήνη des Antimachos II 484,
A. 32.
καταλέγειν (Od. θ 496 und λ 366) I
439, A. 45.
Kataloge der Bibliothek zu Alexandria
I 273 f.; zu Pergamon 275.
κατάλογος der choregischen Siege IV
498.
Katana, Stadtrecht II 386.
κατανέμειν θέαν III 47, A. 159.
κατὰ στίχον II 139, A. 109.
καταστροφή III 42, A. 137; 212 und
A. 50.
κατ' ἐνόπλιον I 385, A. 215; II 295,
A. 76.
καθαρμοί s. Empedokles und Epimenides.
Katharsis III 175.
Kaukonen nicht im Troerkatalog genannt I 565.
Kebes von Kyzikos IV 531.
Kebes' πίναξ IV 412, 530 f.
Kebes, Sokratiker IV 530.
Κελκαία (Ἄρτεμις) II 402, A. 12.
Κελκάς II 402, A. 12.
κεφάλαιον I 233, A. 126; 356, A. 136.
Kephalos aus Klazomenai in Platons
Parmenides IV 465 f.
Kephalos, Redner IV 351.

Kephisios, Ankläger des Andokides IV 356.
Kephisodoros, ob ihm Xenophons Ἱππαρχικὸς gewidmet sei IV 309, A. 203.
Kephisodoros, Schüler des Isokrates IV 365, A. 102; 374; — und das Sprichwort I 366.
Kephisodotos' Statue des Menandros IV 214, A. 148.
Kephisodotos, Verfasser von Demosthenes' 51. Rede? IV 394.
Kephisophon und Euripides I 90, A. 311; III 142, A. 470; 174, 486.
Κηπίων (νόμος) II 219, A. 56.
Κεραμεῖς s. Κάμινος.
κεραυνοσκοπεῖον III 43, A. 140.
Kerdas II 332, A. 1.
Kerkidas aus Megalopolis, Jambograph II 510.
Kerkopen als Stoff eines angeblich Homerischen Gedichts I 776.
Kerkops von Milet als Verfasser des Aigimios I 1006, 1011; — unter Hesiodos' Einfluſs I 1015.
Kerkyra, Epigramm I 856, A. 148.
Kerkops, Pythagoreer und Orphiker I 399, II 88.
Kibyssos I 371, A. 184.
Kikon II 328.
Kilikier I 48.
Kimmerier, ihr Kriegszug gegen Sardes II 179, A. 3.
Kinaithon von Sparta als Verfasser der Oidipodie, Herakleia, Telegonie, kleinen Ilias, genealogischer Dichtungen II 39 f., 50, 70, II 726, A. 198.
Κιναίθων nicht identisch mit Κύναιθος I 545, A. 34, II 39, A. 24.
Kinder in der Tragödie III 197.
Kineas als Epitomator von Aineias dem Taktiker IV 507.
Kinesias von Athen, Dithyrambiker II 505, 538 f.; sein Gesetz über Beschränkung des Chors IV 124; als Zielscheibe der Komödie IV 108.
Κινέσωνες II 39, A. 24.
Kirchhoff und die Odyssee I 517 ff.
Kirra und Κρῖσα I 759, A. 45.
κιθάρα II 123; zu unterscheiden von der κίθαρις I 432, A. 25; — des Phrynis II 538, A. 45; — des Timotheos II 538, A. 45; 540, A. 56; — von Kapion vervollkommnet II 217; — als Begleitung des Nomos II 166.

κιθαριστής — κιθαρῳδός II 124, A. 53.
Klaros, Orakel I 339, A. 79.
κλέα ἀνδρῶν I 420, A. 1.
Kleandros, Schauspieler III 90.
Kleanthes, Stoiker, gegen Aristarchos von Samos IV 525.
Klearchos von Herakleia, seine Bibliothek I 215.
Klearchos, Komiker IV 171, A. 2.
Klearchos aus Soloi IV 507.
Kleidemides, Schauspieler III 90, A. 311.
Kleinasien als Geburtsstätte der griechischen Litteratur I 412 f.
Kleinias, Pythagoreer IV 415, A. 14.
Kleisthenes von Sikyon, Verbot des Vortrags epischer Dichtungen I 482, II 41, A. 32; 61, III 254; Wiederherstellung des dionysischen Chors III 254.
Kleitagoras II 382, A. 173.
Kleitarchos, Historiker IV 326; im Urteil der Alexandriner I 288.
Kleito II 152, A. 144; III 467 und A. 6.
Kleitodemos, Ἀτθίς IV 322.
Kleobuia II 182, A. 9 (nicht 10, wie im Texte steht).
Kleobuline II 176, A. 214; 382, A. 173.
Kleobulos, Kleobuline, Rätseldichtung I 355.
Kleobulos als Verfasser des Schwalbenliedes I 351.
Kleomedes, Athlet II 17.
Kleon, Aristophanes und die Komödie IV 119, A. 212; — als Redner IV 350.
Kleon aus Sicilien, Lyriker II 486, A. 37.
Κλεωνίδης, Verfasser der εἰσαγωγὴ ἁρμονική IV 524, A. 42.
Kleonike von Erythrai I 742.
Kleophon, Tragiker, als Epiker II 485.
Kleostratos, Astrologie II 490.
κλεψίαμβος II 133, A. 90; 234, A. 112.
κλῆρος, κλάδος (κράδη — κλάω) I 202, A. 39.
Κλίμακες III 37, A. 116.
Klonas II 218 ff.; — aulodische Nomen s. auch II 129, 166; — Versmaſse s. auch II 130; — als Rhapsode I 489.
Klytias-Vase I 485.
Knabenliebe, in Homers Dichtung nicht berücksichtigt I 805.

Knopos von Erythrai I 741 f.
Knossisches Marmorrelief be. Pausan.
IX, 40, 3 und der Schild des Achill
I 626, A. 251.
Κοχλίας des Archimedes IV 526.
Köchly und die Homerische Frage I
517.
Kodros, Neleide, als Stammvater ionischer Geschlechter I 46 L.
κοινή oder Vulgärsprache I 78 ff.,
vgl. 81, A. 83.
Kollytos und seine Dionysien III 23,
A. 67.
Koloniegründungen II 4 f.; — und das
delphische Orakel I 332.
Kolonien in ihrer Berührung mit nichthellenischen Elementen I 39; unter
fremden Einflüssen I 48 ff.; in Asien,
Bevölkerungsverhältnisse I 41; in
Italien I 40; in Pamphylien I 47 f.;
in Sicilien I 40.
Kolonisation I 11 ff.; Ursachen 11; Zusammenhang mit dem Mutterlande
12; Ortsnamen auf die Kolonien
übertragen 12; schnelle Entwickelung 13; in einzelnen Fällen Festhalten am Alten 13; — von Kleinasien I 412 f.
Kolophons Ansprüche auf Homer I 453;
— Reiterei II 8; — Üppigkeit II
14, A. 22.
Κολοφῶνα ἐπέθηκεν I 456, A. 36.
Koluthos II 357, A. 91.
Κωμάρχειος (*νόμος*) II 219, A. 56.
Komet Ol. 109, 4 IV 487.
Kometen in *περὶ σημείων κτλ.* IV 503,
A. 273.
κομματικά bei der Parodos auf der
Bühne III 134, A. 443; Unterschied
von *κομμοί* III 142, A. 468.
Kommos, Klagelied III 140 ff.; in seinem
Unterschiede vom *στάσιμον* III 141;
Gliederung und metrische Form III
142; Gruppenbildung des Chors III
142; Unterschied vom *θρῆνος* III
141, A. 464.
κομμός oder *κόμμος* (*κῶμος*) III 140,
A. 462.
κωμῳδία von *κῶμος*, nicht von *κώμη*
III 10, A. 21.
Komödie, Einleitung IV 1—17; Wesen
der komischen Dichtung 1; lyrische
Anfänge in phallischen Liedern 2,
III 19; Megara, Sicilien als Geburtsstätten 2 f., III 7, IV 18 ff.; Aristoxenos von Selinus, Ursprung und
Zeit IV 3; lyrischer Charakter seiner
Dichtungen 3 f.; Epicharmos als
Schöpfer der regelrechten Komödie
4; Antheas von Lindos 4; megarische
Komödie 4 ff.; Entstehungszeit 5;
übertragen nach Attika 5; improvisierter Charakter 6; Maison, Charaktermaske, nicht Persönlichkeit
6 ff.; attische Komödie 8 ff.; Susarion
8 f.; Myllos, Euetes und Euxenides
9; Eigentümlichkeiten der Volksposse 9 ff.; Prolog, Epilog 12; Beliebtheit der Posse 12; lange Dauer
der attischen Komödie 12 f.; Periodeneinteilung 13 ff.; grofse
Zahl der komischen Dichter 15;
ihre Fruchtbarkeit 16; Beteiligung
nicht-attischer Dichter 16 f.; Nachlafs der griechischen Komiker 17;
— der Tragödie entsprechend gegliedert III 147 f.; — an den städtischen Dionysien schon vor dem
peloponnesischen Kriege III 20, vgl.
A. 56.
Komödie, alte, mittlere, neue, im Altertum unterschieden IV 14, A. 44,
Alte Komödie. Einleitendes IV
43 ff.; verglichen mit der Entwickelung der Tragödie, Alter des komischen Agon 43 f.; Zahl der Dichter
und Dramen 44 f.; Kratinos, Eupolis,
Aristophanes, ihre Stellung zu einander 45; drei Stadien der Entwickelung 45. Allgemeine Charakteristik IV 107 ff.; Einflufs
auf äufsere und innere Politik 107 f.;
Kritik der Komiker untereinander
108 f.; Vorwurf des Plagiats 109 f.;
Selbstlob 109; die ältere Komödie auf augenblickliche Stimmungen und Interessen berechnet
110; Studium der Dramen 110; Beurteilung bei den Alten 111 f. Stil
112 ff.; politischer Charakter, allmählich sich verlierend 114; Wahrheit und Dichtung gemischt 114 ff.;
Freiheit der Komödie 116 f.; zeitweilig beschränkt 117 ff.; Mafslosigkeit der persönlichen Angriffe 118,
A. 211 a. E.; Einschüchterungsversuche durch Prozesse, namentlich
gegen Aristophanes 119; Hermokopidenprozefs und Syrakosios' Antrag
119 f.; Abschwächung während und
nach dem peloponnesischen Kriege
120 f.; — ästhetisch-kritisierend

I 267; im Urteile Plutarchs IV 112.
Mittlere Komödie IV 121 ff.; Dauer 121; selbständige Stellung 122; Nachbildung bei den römischen Komikern 123; Chor 124 ff.; Kinesias' Gesetze ebenda; Ersatz durch Musik 125; erhöhte Produktion und Minderwertigkeit derselben 126 f.; Zurücktreten des politischen Elements 125; Überarbeitungen und Wiederholungen 127, A. 19; Masken 125; allgemeine Charakteristik 128ff.; Parodie 129 ff.; Allegorie 131 f.; bestimmte Persönlichkeiten 132 ff.; litterarische und philosophische Themata 134; Figuren des gewöhnlichen Lebens 134 f.; Liebes- und Verführungsgeschichten 135 f.; Entwickelung zum Intriguen- und Charakterstück 136; persönliche Ausfälle, politische Anspielungen 136 f.; — auf die Philosophen, namentlich Platon, Tragiker, Persönlichkeiten des täglichen Lebens 138 f.; Späfse und Witze, Sphäre 139; Plan, Erfindung, Wiederholungen 140 f.; Personennamen 141; Ort der Handlung 141 f.; Stil, Rhetorik 142 f.; Metrik 153; die einzelnen Dichter 143 ff.; Titel der Stücke: IV 131, A. 24; 132, A. 26, 27, 28, 29, 30, 31; 133, A. 33; 134, A. 34, 35, 36, 37; 135, A. 38, 39, 40.
Neuere Komödie IV 170 ff.; Dauer 170; Zahl der Dichter und Dramen, Aufnahme und Schicksal des Nachlasses 171; Zeitverhältnisse und ihre Einwirkung auf die Komödie 172; allgemeine Charakteristik, Anlehnung an die Tradition, Masken, Ort der Handlung, Chor, Mangel an idealem Gehalt und Phantasie, Typen der Gegenwart, Bramarbas, Parasit, Hetären, Sklaven 173 f.; weibliche Rollen 174, A. 7; trotz der Einförmigkeit der realistischen Stoffe und Typen Wechsel in der Erfindung, Charakterzeichnung, Situationen, Verwandtschaft mit Euripides 174 f.; Mangel an tieferem Gehalt, äufsere Wohlanständigkeit 175 f.; innere Frivolität 176 f.; Lebensklugheit und Lehren der Sittlichkeit 177; vereinzelt satirisch-polemische Tendenz 177 f.; Beziehungen auf die Tagespolitik (Philippides, Archedikos), auf die Philosophie der Zeit, litterarische Kritik 178; Bühnenwirksamkeit und Technik, Charakterdrama und Intriguenstück 178 f.; Prolog, Akte, Scenen, Wechsel der Metra, Schlufs 179 f.; Ort der Handlung, Titel, Namen der Personen, Schnelligkeit der Produktion, Sprache 180 f.; Versmafs, kosmopolitischer Charakter 182; Einflufs im allgemeinen, namentlich auf die Römer 183 ff.; Wert der römischen Nachbildungen für die Beurteilung der Originale, ihr Verhältnis zu ihnen, Plautus, Caecilius, Luscius, Terenz; des letzteren Contaminationen 186 f.; Plautus' Wert und Selbständigkeit 187 f.

Komödien, römische, ihre Vorbilder in der neueren griechischen Komödie IV 183, A. 31.

Komödien und Tragödien an Dionysien und Lenaien aufzuführen nicht ursprüngliche Sitte III 19 ff.

κωμῳδοδιδάσκαλος, κωμῳδοποιητής, κωμῳδοί III 52, A. 175.

κωμῳδοτραγῳδίαι IV 105, A. 180.

Königtum, Aristokratie und Volk in Homerischer Zeit I 414 f.

Konnis I 371, A. 184.

Konnos bei Phrynichos IV 97.

Konon, Mathematiker IV 526.

Konstantinos Siculus II 357, A. 91.

κωφὸν πρόσωπον III 87, A. 300.

κοππατίας I 358, A. 144.

Korax von Syrakus (ῥητορικὴ τέχνη) IV 329.

Kordax III 162, 166.

Korinna II 379 ff.; Versmafse II 138; Dialekt II 145; ἑπτὰ ἐπὶ Θήβαις III 296, A. 58; im alexandrinischen Kanon I 286.

Korinnos I 406.

Korinth, Bibliothek I 216; — und die Litteratur im griechischen Mittelalter II 20.

Κορινθιακά des Eumelos II 68.

Κορώνισμα s. Krähenlied.

Koronis bei Akusilaos II 403, A. 19.

Κορυβαντικὸς des Brontinos (?) II 91.

κόρθος, Fabel I 373, A. 188.

Koryphaios III 78 f.

Kos und der Schiffskatalog I 560.

Kosmisches System des Aristarchos IV 525.

κόσμος bei Pythagoras II 439, A. 81.

Kostüm der Schauspieler, Aischylos' Neuerungen III 98; Aufpolsterung der Gliedmafsen III 98; individualisierende Bedeutung 99, A. 340; erhält sich unverändert 99 f.
κόθορνος III 97 und A. 335.
Κόθορνος (Κόθορνοι des Philonides) IV 62, A. 71.
κουρίδιος = κυρίδιος I 116, A. 171.
κράδη III 42, A. 137.
Krähenlied I 351.
Krannon, die dortige Sage von den Raben übertragen nach Lesbos I 12, A. 10.
Kranz, goldener, als Preis im dramatischen Agon III 61; — und Honorar der Kitharhöden in Athen I 179.
κρατήρ μικρότερος II 92, A. 51.
Krateros' Urkundensammlung für attische Archäologie I 282.
Krates, Homeriker I 902 ff.; — und Aristarchos 902; — und das stoische System 903; ἐξωκεανισμός 902, A. 40 (vgl. 904).
Krates, Komiker IV 58f., 105.
Krates, Musiker, des Olympos Schüler II 128, A. 72
Krates aus Theben II 489.
Κρατίνειον μέτρον IV 7, A. 23; 53, A. 32.
Kratinos IV 49 ff.; ältere und jüngere Komödiendichter neben Kratinos 49; Lebensverhältnisse 50 f.; Parallele zu Aischylos 51 f.; Charakteristik seiner Poesie 52 f.; — und Perikles 52, A. 28; — und Aischylos 52; Zahl der Dramen 53; Preise, Selbstgefühl 54; Verhältnis zur Politik 54; Kratinos' Dramen Χείρωνες Νόμοι, Δραπετίδες, Εὐνεῖδαι, Μαλθακοί, Θρήσσαι, Πανόπται, Ὀδυσσεῖς, Πλοῦτοι, Νέμεσις, Σεριφιοι, Πυτίνη 54 ff., 79, A. 123; Βουκόλοι, Πυλαία, Τροφώνιος, Διονυσαλέξανδρος, Ἰδαῖοι 56, A. 48; Χειμαζόμενοι, Σάτυροι, Δηλιάδες, Ὧραι 57, A. 50; Ἀρχίλοχοι II 19 f., A. 53; Πανόπται II 491, A. 5; — Sprache IV 58; Dialekt I 74; Behandlung durch die alten Grammatiker, Bildnis in Byzanz IV 58, A. 54; — fälschlich unter Tragikern genannt bei Athen. I 22 A III 611, A. 50.
Kratinos der jüngere, Πυθαγορίζουσα, Ταραντῖνοι IV 167 und A. 187.

Kratinos aus Methymna, ψιλοκιθαριστής II 505, A. 22.
Kratylos IV 456.
κρέκειν, κρούειν, κροῦμα II 124, A. 54.
Kreophylos von Samos I 474; als Verfasser von Οἰχαλίας ἅλωσις II 38; als Verwandter Homers I 486, A. 14; als sein Lehrer I 406; als Diaskeuast der Homerischen Dichtung I 653, A. 332.
κρηπίδες, λευκαί III 98, A. 335; 362, A. 19.
Kreta, dorisiert I 65; Geltung als Musterstaat, Hauptsitz der Mantik II 5; Dialekt I 54; vom Odysseus in den erdichteten Erzählungen als seine Heimat genannt I 701, A. 18; zeitige Verbreitung Homerischer Poesie daselbst I 482, A. 4; — und Kretenser in der Ilias und beim Diaskeuasten I 621, 628, A. 256; 631, A. 270; 640, 642, 651 f.; ἑκατόμπολις I 791.
Κρῆτες ἀεὶ ψεῦσται I 701, A. 118.
Κρητική ἔκδοσις I 652, A. 327.
Krexos II 132, 537, III 253, A. 4.
Kriegsweise im griechischen Mittelalter II 8.
Krines II 195, A. 57.
Kritias von Athen, als Redner IV 351 (vgl. 342 und A. 46); Schrift über die Dichter I 265; als Elegiker II 511; als Tragiker (Peirithoos und Sisyphos) III 612 f.; unter Kallikles' Maske in Platons Gorgias (?) IV 447, A. 96 und A. 97; in Platons Charmides IV 448.
Kritias von Chios II 328, A. 114.
Kritik, ästhetische der Prosa I 281; historische, bei den Alexandrinern I 278.
Kritiker des Altertums I 253 ff.
Kritisch-exegetische Arbeiten des Altertums I 282 f.
Krobylos IV 236, A. 232.
κρόταλα des Satyrchores III 241, A. 143.
κρότος σικιννίδων III 241, A. 143.
κρύφιος λόγος IV 575, A. 118.
Ktesias IV 317 ff.; Περσικά 317 f.; Ἰνδικά 318 f.; als Quelle des Xenophon IV 298; Kritik des Herodotos IV 251.
Ktesibios, Mechaniker IV 527 f.
Ktesippos, Chabrias' Sohn in der neueren Komödie IV 178.

Ktesippos in der Odyssee I 696.
Kultur, Homerische I 415 f.
Kunst im griechischen Mittelalter II 15 f.
Kurzzeilen im Epigramm II 174.
Kyares II 333.
Kydas '*Αλήτης* I 342, A. 86.
Kydias II 378; — bei Eubulos IV 160, A. 144.
κυκλεῖν, ἀνακυκλεῖν II 29, A. 2.
Kykleus II 242, A. 141.
κύκλια μέλη, Chorlyrik II 508, A. 30.
Kykliker II 27 ff.; Herkunft und Zeit, Stoff ihrer Dichtungen I 474, II 31 ff.; im alexandrinischen Kanon I 285; sind ohne persönliche Beziehungen zu Homer I 487; — und Homeriden I 726; — als Quelle für die Tragödie III 179 f.
κυκλιοδιδάσκαλοι II 508, A. 30.
Kyklische Epen II 54 ff.; Tradition und selbständige Fortbildung der Sage 55 ff.; Mangel einheitlicher Handlung und dramatischen Lebens 57 ff.; Schilderungen, Anachronismen, Subjektivität, Vorliebe für das Wunderbare 59 f.; Stil 60 f.; Einfluß und Verbreitung II 61; im Urteil der späteren Gräcität II 62 f.; von Rhapsoden bearbeitet II 54; bei den Römern II 63, A. 90.
Kyklischer Chor II 507 f., III 27, auch A. 79; im Gegensatz zum skenischen Chor II 508, A. 30; neben dem Drama fortbestehend III 115; in Arkadien II 509, A. 31.
Kyklos. epischer II 28 ff.; sein Bestand II 33 ff.
κύκλος als Kunstform des Epigramms I 779, A. 99; — *ἱστορικός* des Dionysios II 29, A. 3; des Phayllos ebd.
Kyme auf Chalkis, Alphabet I 192, A. 18.
Kyme auf Euboia als Mutterstadt von Kyme in Asien und Italien I 201, A. 38.
Kyme in Italien, Gründung I 200, A. 38.
Kyme in Kleinasien: seine Ansprüche auf Homer I 453; Reiterei daselbst II 8; seine Münzen II 8, A. 7.
Kynaithos von Chios, kein Homeride, I 487; Einfluß auf die Gestaltung der Homerischen Epen I 545, 726; als Verfasser des hymn. in Apoll. I 489, A. 22; 751, 754, A. 33; in Syrakus I 483.
Kynegeiros III 278.
Kyniskos, Komiker aus Kasandreia IV 232, A. 215.
Kynuria, Mundart I 55.
κυων nach Platon phrygisches Wort I 42, A. 18.
Kypria, Epos II 43 ff.; Ansichten über deren Verfasser im Altertum II 45, A. 45.
Κύπρις, zur Bezeichnung der Aphrodite nur II. *E* I 576, A. 66.
Kypros, Bevölkerung I 48; griechische Niederlassungen in Homerischer Zeit I 561; als Heimat der Kyprien II 44; — Sammelplatz der Sophisten IV 362, A. 95.
Kypselas von Kreta II 201, A. 1.
Kypselos' Zeuskolofs und sein Epigramm II 174, A. 208.
Kypseloslade und die Homerische Poesie I 483; in Beziehung zu Il. *Ψ* I 643, A. 318; 644, A. 321; Beziehungen auf die kyklischen Epen II 62; — und Eumelos II 69 f.; Aufschrift II 22 f., 175, A. 210.
Kyrene, Sage von der Nymphe dieses Namens I 1006.
Kyrillos gegen Julian benutzt Africanus I 298.
Kyrnos bei Theognis, kein fingierter Name II 320.
Kyros der ältere im Urteil der griechischen Litteratur IV 306.

Λ und *ν*, Wechsel beider Konsonanten im Inlaut I 854, A. 143.
Λαβραυνδηνός I 44, A. 23.
λαβρύς, lyd. = Axt I 44, A. 23.
Lachmann und die Homerische Frage I 515 ff.
Laevius, Cypria Ilias II 43, A. 40.
Laios' Weissagungen I 341.
Laispodios in der Komödie IV 105, A. 181.
Laistrygonensage I 810, A. 52.
Λακεδαίμων χητώεσσα I 790.
Lakedaimonier, ihre Abneigung gegen die Schrift I 212.
Laelius und Panaitios IV 533.
Lampon II 516, A. 8.
Lamprias, Verzeichnis der Schriften des Plutarchos IV 537, A. 8.
Lamprokles II 152, A. 145; 378.
Lampros III 359.

Landkarten des Anaximandros und Hekataios II 406, A. 36.
Larensius' Bibliothek I 217, A. 80.
Λασίσματα II 378, A. 156.
Lasos von Hermione II 377 f.; sein Einflufs auf das Alphabet I 104, 188; — auch Prosaiker I 170, A. 35.
Latinos περὶ τῶν οὐκ ἰδίων Μενάνδρου I 169, A. 32; IV 200, A. 96.
Lautveränderungen in den Vokalen aus konsonantischen Unterschieden hervorgerufen I 56, A. 10.
Learchis II 152, A. 144.
Lebensfreude des griechischen Mittelalters II 14 f.
λέγειν καὶ ἀείδειν I 388, A. 220.
Leibethra als Sitz Orphischer Mysterien I 318, A. 11; Stätte des Musenkultus I 320, A. 14.
Leichenrede des Thukydides II 462, A. 16.
Leihgeschäft mit litterarischen Werken I 218, A. 84.
Leleger I 38; im Troerkatalog nicht genannt I 565.
Lemnos beim Diaskenasten I 611.
Λῆναι = Bacchantinnen III 15, A. 42.
Λήναια, Ableitung des Wortes III 15, A. 42.
Lenaien III 14 f., vgl. auch A. 39; in den Winter verlegt III 16; Datum derselben III 25 ff., auch A. 78; vereinigen den Kultus des Dionysos und der eleusinischen Göttinnen III 11; mit Chören der Phallophoren gefeiert III 10; bilden den Boden, die Keime des Lustspiels zu zeitigen III 12; auch für die Aufführung von Tragödien bestimmt III 235; schliefsen Tetralogien nicht aus III 234, A. 120; — und Dionysien, ihrer verschiedenen Bedeutung nach von verschiedener Wirkung für die Aufnahme der aufgeführten Dramen IV 79.
Ληναικόν = Διονυσιακόν θέατρον III 36, A. 111.
Ληναιοβάκχιος, Monatsname in Astypalaia III 17, A. 48.
Ληναῖον, der dem Dionysos geweihte Bezirk III 33, A. 101; Lage des Heiligtums III 19, A. 53; als ursprüngliche Aufführungsstätte der Komödie IV 43, A. 2.
Ληναιών, Monatsname bei Hesiodos I 953, A. 30.

ληναΐζειν, ληνεύειν III 15, A. 42.
Leodamas, Redner IV 351; s. auch Lysias gegen Euandros.
Leogoras, Andokides Vater, IV 347, A. 49.
Leokrates in der Rede des Lykurgos IV 398.
Leon von Byzanz, als Verfasser von Platons Halkyon IV 471.
Leon Χοιροσφάκτης I 151, A. 13.
Leon Magister II 357, A. 91.
Leon Philosophos als Epitomator I 151, A. 13.
Λεωνίδεια, Festreden an ihnen IV 456.
Leoprepes II 358, A. 96.
Lepetymnos s. Krannon.
λεπτὴ γένεσις, Titel I 224, A. 102.
Leptines s. Philistos aus Syrakus.
Lesbier, von Platon als barbarisch sprechend bezeichnet I 37.
Lesbonax von Mitylene IV 556.
Lesbos als litterarisches Centrum II 20; als Stätte musischer Kunst II 207 f.
Λέσβου κτίσις II 71, A. 12.
Lesches von Lesbos und die kleine Ilias II 50 ff.; als Verfasser des Agons Homers und Hesiods I 930, A. 29.
Lesen und Schreiben von den Mitylenaiern verboten I 211.
Leukippos von Magnesia, lykischer Herkunft I 49.
λευκώματα I 207, A. 49.
Leukon, Komödiendichter IV 103; *Πρέσβεις*, wann aufgeführt IV 80, A. 123.
λέξεις Ὁμηρικαί, als Gegenstand Homerischer Forschung I 898, A. 32.
Lexikographie IV 560; —, Homerische, I 911.
Libanios IV 579 f.; Selbstbiographie I 291, A. 45; *προγυμνάσματα* s. Hermogenes von Tarsos; Briefe zum Teil unecht I 250.
libri lintei I 345.
Λιβυκοὶ μῦθοι I 372, A. 184.
Liebeslieder I 352.
Lieder religiös-mythischen Inhalts vor Homer I 308; bei der Arbeit gesungen I 351 ff.
Liedertheorie für Homer I 506 f.; ihre Unzulässigkeit I 522.
Likymnios, Sophist IV 342; als Dithyrambiker II 543, vgl. II 535, A. 34.
Linos, Klagelied, personifiziert I 350,

391; mit Orpheus und Musaios zusammengebracht I 402; eine litterarische Fälschung I 241; — als Verfasser Orphisch-Pythagoreischer Lieder II 97f.; als Erfinder des Hexameters I 386, A. 217.
Linoslied I 322f.; metrische Form I 354, A. 211; Vortragsweise II 134.
Litterarhistoriker des Altertums I 271.
Litterarische Thätigkeit des griechischen Mittelalters II 19; — aufserhalb Athens während der dritten Periode II 458f.
Litteratur, griechische, allgemeine Charakteristik I 135—185; Individualismus bei Homer, Hesiod, Archilochos 135f.; Phantasie unter Herrschaft des Verstandes, Sinn für das rechte Mafs 137; Gemüt und Sinnlichkeit 137f.; Erotik 138f.; religiös-sittlicher Gehalt, die Dichter Lehrer des Volks, Freiheit und Sittlichkeit, Abnahme des ethischen Gehalts 139ff.; Bedeutung des Mythos für die Litteratur 141; Zurücktreten historischer Stoffe 142; unmittelbar Erlebtes, Erfundenes, individuelle Behandlung des überlieferten Stoffes 143f.; Idealismus im Verein mit Individualismus 144; Formvollendung, Harmonie zwischen Form und Stoff 144f.; lange Lebensdauer 146; organische Entwickelung der litterarischen Gattungen 146ff.; Reichtum 148ff.; frühzeitiger Verlust zahlreicher Werke 149f.; Überblick über Erhaltenes und Verlorenes 152ff.; in Übersetzung erhaltene Schriften 155; Armenier, Syrer, Araber 155f.; wechselnder Schauplatz der Litteratur 156f.; Anteil der Kolonien an der Litteratur 158; Anteil der Aiolier 159f.; der Dorer 160f.; der Ionier 161; der Athener 162; der Nichthellenen 163; der Frauen 164ff.; Dichterschulen 166f.; Vererbung der Kunst 167; typischer Charakter derselben 167; Nachahmung älterer Muster 168; Forderung der Originalität und Vorwurf des Plagiats 169ff.; Beschränkung und Vielseitigkeit 170f.; Produktivität 171f.; Lebenskraft und hohes Alter der Dichter und namentlich der Philosophen 172ff.; Lebensstellung 174f.; politische Mäfsigung und Patriotismus, Hinneigung zur Aristokratie 175ff.; unabhängige Vermögenslage, Veränderung dieses Verhältnisses in späterer Zeit 177f.; Fürsten als Pfleger der Kunst 178; Honorar der Schriftsteller 178ff.; der Sophisten und Redner 179f.; Anspruch auf Anerkennung und Selbstbewufstsein 180f.; Litteratur Eigentum der Nation, Gleichheit der Bildung, Wechselwirkung zwischen Dichter und Publikum 182f.; litterarische Leistungen im Urteil und Bericht der Historiographie 183; einigende Kraft und nationale Bedeutung 184f.
Allgemeine Bedeutung I 1f.; Würdigung bei den Deutschen 2; Vergleich mit der römischen Litteratur 2; mit dem geistigen Leben orientalischer Völker 3; Wesen des hellenischen Volksgeistes 3; Beziehungen zum Orient 4; Ursprünglichkeit der hellenischen Dichtung 4f.; Wirkung auf andere Litteraturen 5; nationaler Charakter in der Ausprägung des Reinmenschlichen 5.
Litteraturgeschichte, ihre Aufgabe und Schwierigkeit I 257f.
Λιθικά I 401, A. 250.
Lityerses s. Schnitterlied.
Livius Andronicus und Homer I 882f.; verpflanzt das griechische Lustspiel nach Rom IV 183, A. 29; über die Komödie IV 1, A. 1.
Livius und Sosilos IV 518.
Locale Mythen als Quelle für die Tragödie III 180.
Locativ und Dativ für das Griechische und Lateinische nicht zu unterscheiden I 121, A. 183.
λόγιον III 34, A. 104; 37, A. 115.
λόγιοι II 400, A. 4; — und ἀοιδοί I 359.
λόγιον und χρησμός unterschieden I 338, A. 72.
Logographen der dritten Periode IV 240ff.; Dialekt I 84.
λογογράφοι, professionelle Redenschreiber IV 329.
λογοποιός I 369, A. 176.
λόγος, λογοποιός, λογογράφος II 393 A. 29.
λόγος = Fabel I 369, A. 176; — Fabel des Dramas und Drama selbst

III 224, A. 98; — καὶ ἀοιδή I 388, A. 220.
Lokrer verpflanzen die Odysseussage nach Kleinasien I 417, 461.
Λοκρικὰ ᾄσματα II 115, A. 27.
Lokris und die epische und Hesiodeische Poesie I 917 f., 922; — Dialekt I 67, A. 43.
Longinos als Kritiker I 281; über Homer I 909; über Antimachos II 455, A. 34.
Lorberzweig, Symbol des Dichterberufs I 438.
Lose als Mittel zur Weissagung I 334.
Lucilius und die alte Komödie IV 111, A. 199.
Lucretius und Empedokles II 410, A. 2.
Lukianos, Halkyon IV 471; Μακρόβιοι I 173, A. 40; 250; πρὸς ἀπαίδευτον I 217, A. 81; de saltatione s. Stellenregister; gegen Iulius Pollux IV 562; über Herodot IV 252, A. 49; unter dem Einfluß der alten Komödie IV 111, A. 199.
Lyde s. Antimachos.
Lyder I 44.
Lydische Schriftzeichen, dem griechischen Alphabet entlehnt I 50.
Lygdamis II 478, A. 5.
Lykambes s. Archilochos.
Lykeion, Aristoteles' Lehrstätte IV 476.
Lykeion, Unterrichtsstätte der Sophisten IV 333.
Lykier I 46 f.
Lykis, Komiker IV 104.
Lykische Inschriften I 46; — Münzen I 46; — Ortsnamen neben griechischen I 46; Schrift und Sprache I 46, A. 30.
Lykische Sage von Glaukos eine Erweiterung des troischen Sagenstoffes I 460.
Λυκομήδεος III 100, A. 346.
Lykomiden in Athen besitzen Orphische Hymnen I 398, 401, A. 251.
Lykon, Aristoteliker IV 478.
Lykophron, Alexandra I 357, IV 515 f.; im Urteil der Alexandriner I 287; Κασανδρεῖς III 186, A. 26.
Lykurgos und die Homerische Poesie in Sparta I 481, 652, A. 327; — Gesetze nicht mit Gesang vorgetragen I 390.
Lykurgos, Redner IV 373, 398 f.; seine Verdienste um den Text der drei Tragiker I 251, III 29, 71 f.

Lynkeus, Komiker (Κένταυρος) IV 235; Ἀποφθέγματα IV 133, A. 32; Briefwechsel mit Poseidippos IV 233, A. 221; περὶ Μενάνδρου IV 215, A. 149.
Lyra II 123; zuerst im Margites genannt, von der Kitharis nicht unterschieden I 432, A. 25; siebensaitige s. Kapion.
Lyrik, chorische, als Quelle für die Tragödie III 180; — des Dramas, in ihren Formen von der melischen Poesie abhängig III 114; — des Lustspiels, enthält mehr volkstümliche Elemente als die Tragödie III 118.
Lyriker, Bezeichnungen der Dichter verschiedener Gattungen im Altertum II 117, A. 30; —, griechische, bei den Römern II 154; im alexandrinischen Kanon II 153.
Lyrische Agone II 147 ff.; zu Delphi, drei Bewerber um den Preis II 150.
Lyrische Poesie, allgemeine Charakteristik II 101 ff.; Unterschiede der Hauptvertreter II 103 f.; epischmythische Elemente 104 f.; Lehrhaftes 105 f.; Formvollendung 106 f.; Gelegenheitspoesie 107; der Vorwurf der Eintönigkeit ungerechtfertigt 108; Naturschilderung 108 f.; die Lyrik der Anfang der Poesie 109; religiöser Ursprung derselben 110 f.; traditionelle Vererbung in Sängergeschlechtern 110; Reste alter Lyrik 110, A. 11; Zusammenhang mit dem Apollokultus 111.

Drei Hauptarten derselben II 116; Gattungen nach Aristoteles II 117; bis 500 v. Chr. II 101 ff.; höfische II 332 ff.; in der dritten Periode II 497 ff.; der jüngeren Schule II 528 ff.; Gattungen nach ihrer geographischen Verbreitung II 150 f.; Bestand des Erhaltenen II 154 f.; schnelle Verbreitung I 8; Massenhaftigkeit der Produktion II 152 f.; Versarten und Versformen II 136 ff.; Umfang der Verse II 139; Vortragsweise II 130 ff.; Satzungen, in Bezug auf Form und Inhalt II 146 f.
Λυσάνδρεια in Samos II 482, A. 23.
Lysias IV 352 ff.; Biographisches IV 352 f.; Jugendarbeiten, πρὸς τοὺς συνουσιαστάς κτλ. 353; gegen Eratosthenes 354; Zahl seiner Reden,

ἐπιτάφιος 354f.; gegen Alkibiades (λιποταξίου, ἀστρατείας) 355, A. 70; gegen Andokides, ἀσεβείας 356, A. 72; ἐπιτάφιος in seinen Beziehungen zu Platons Menexenos 460, A. 129; für Polystratos 357f.; gegen Euandros 358f.; Charakteristik und Würdigung 359f.; gegen Epikrates, Ergokles, Philokrates IV 461, A. 132; — Reden, von der Kritik des Altertums beanstandet I 254.
Lysimachos, Beziehungen zu Philippides, Komiker I 228f.
Lysippos, Komiker IV 104.
Lysis, Pythagoreer II 441, A. 86.
Lysistratos, Weissager I 341, A. 85.
λιτικοί I 859, A. 9.
Lyxes, Vater des Herodotos IV 242, A. 15.

Machaon bei Homer *A* 190 ff. vom Diaskeuasten eingeführt I 571.
Machon, Versuch die attische Komödie in Alexandria einzubürgern IV 236, A. 233.
μάγαδις II 123, A. 51. 52.
Magas von Kyrene in der neueren Komödie IV 177, 219, A. 164.
Magnes aus Ikaria III 70, A. 242; IV 13, A. 41; 46.
Magnes, Rhapsode aus Smyrna I 480, 777, A. 93; II 72, A. 18.
Magnesia von den Kimmeriern zerstört, Krieg mit Ephesos II 178.
Maiandrios über die sieben Weisen II 413, A. 8
Maioner s. Lyder.
Μαιόνιος, Μαιονίδης = Homer I 475, A. 66.
Maison IV 6 ff.
Μαισωνικὴ παροιμία IV 7, A. 20.
Makedonier, gelten als Barbaren I 37; Mundart I 60, A. 29.
μακρὸν s. πνῖγος.
μακτρισμός III 166, A. 547.
Μαμμάκουθος = Μαμμάκυθος I 116, A. 171.
Μαμμάκυθος = Αὖραι des Metagenes IV 103, A. 171.
Μανδρόβουλος des Kleophon II 485, A. 36.
Maneros und das Linoslied I 322.
Manethos IV 571, A. 102.
Mantik im griechischen Mittelalter II 17f.

μαντικὰ ἔπη als Anhang zu Hesiods W. u. T. I 950, A. 33.
Manuel Moschopulos I 911.
Marc Aurels Denkwürdigkeiten I 177, A. 45.
Marcus Antonius Urteil über die alte Komödie IV 112, A. 204.
Margites, unter musikalischer Begleitung vorgetragen I 436f.; strophische Gliederung I 672; im übrigen s. unter Homer.
Marianos' Paraphrase des Kallimachos I 152, A. 14.
Marinos als Biograph des Proklos I 291; Einleitung zu Eukleides' *Δεδομένα* IV 523, A. 38.
Μάρων (ῥυθμός) II 228, A. 93.
Marmor Parium folgt nicht dem Phanias von Eresos I 277; über das Zeitalter Homers und Hesiods I 932, A. 33; — wesentlich litterar-historischen Inhalts I 183.
Marsyas von Phrygien II 125.
Marsyas von Pella, Historiker IV 326.
Massaliotische Gesetzgebung II 387.
Masken von Thespis eingeführt III 257; tragische und komische, in ihrem Unterschied III 97; Porträtähnlichkeit in der alten Komödie IV 128, A. 21; — in der mittleren (und älteren) Komödie IV 128, A. 21; in der neueren Komödie IV 173; in der Volksposse IV 12, A. 39; Charaktermasken III 100.
μαθηματικοί (Pythagor.) II 433, A. 66; 436, A. 74.
Matios II 43, A. 40.
Ματρέας = Matron II 488, A. 9.
Matrikelas II 490, A. 3.
Matron II 487, A. 2; 488.
Mauerbau in der Ilias I 585 ff.
Maximus περὶ καταρχῶν II 97, A. 70; Eigentümlichkeiten im Gebrauch der Modi I 108, A. 155.
Maximus von Tyros IV 551f.
Mazaka und das Stadtrecht von Katana II 387.
μηχανή III 42, A. 137.
Μήδεια statt *Μήδεια* (Sappho) I 89, A. 99.
Medeios, Medos I 987.
Medeios, Historiker Alexanders des Großen IV 326.
μηδὲν ἄγαν II 413, A. 9.
μηδὲν θαυμάζειν IV 411.
Meer, von geringem Einfluß auf die

Ausbildung der Mythologie I 129, A. 209.
μέγα δράμα als Titel III 66, A. 227.
Megakleides über die Hesiodeischen Poesien I 890, A. 12; vertcidigt die Echtheit der Aspis I 997, A. 71.
Megalostrata I 164, A. 23; II 151.
Megara, schlechte Aussprache des Griechischen daselbst I 118, A. 177.
Μεγαρεῖς δὲ φεῦγε πάντας κτλ. IV 5, A. 11.
Μεγαρέων δάκρυα III 268, A. 60.
Μεγαρικὴ κωμῳδία, Μεγαρικὸς γέλως, μεγαρίζειν IV 6, A. 15.
Meges im Schiffskatalog I 563.
Melampussage I 349, A. 106.
Melanchros II 272, A. 2; 273.
Melanippides der ältere II 378, 536 f.
Melanippides der jüngere II 538.
Melanopus von Kyme II 111, A. 18.
Melanthos III 609.
Meleagros im vorhomerischen Liede I 349.
Meleagros, Auswahl epigrammatischer Dichtungen I 282.
Meles, der Vater Homers I 475; Beispiele für das Vorkommen dieses Namens 475, A. 67.
Melesandros I 406.
Μελησιγενής I 475, A. 66.
Meletos' Oidipodie III 227, A. 102.
Meletos, Kläger gegen Andokides IV 356.
Meletos in Platons Schilderung IV 430; Μελήτῳ οὐδὲν μέλει IV 430, A. 55.
Μελικέρτης als Beiname des Simonides von Keos II 374, A. 139.
Meliker im alexandrinischen Kanon I 285 f.
Melinno I 166.
Melische Partien der Tragödie nach ihren Versmafsen III 116 f.; in der Komödie III 117 f.
Melische Poesie, ihre Form II 119; im Peloponnes II 201 ff.; ihre Perioden II 206; aufserhalb Spartas während der zweiten Periode II 206 f.
Melissos in seinem Verhältnis zu Parmenides II 492, A. 12.
Melodramatischer Vortrag der Verse III 126, vgl. A. 416.
Melos, Begriffsbestimmung II 157 ff.; bei den jüngeren Dithyrambikern II 528 ff.

μέλος Καστόρειον I 325, A. 26.
Μελπόμενος ἐξ Εὐνειδῶν II 499, A. 3.
Menaichmos, Mathematiker IV 522, A. 34.
Menandros IV 190 ff.; Biographisches 190 ff.; Beziehungen zu Theophrast und Epikuros, Glykera 191 f.; Vorliebe für Athen, Freundschaft mit Demetrios, Einladung des Ptolemaios 192 f.; Zahl seiner Stücke 193 f.; Analyse seiner Dramen 194 ff.; Schnelligkeit seiner Produktion 199; Wiederholungen und Variationen 200; Verhältnis zu seinen Vorgängern, Euripides 200 f.; passende Motive, Allegorie, Exposition, Handlung und Spannung 201 f.; treffende Charakteristik 202; Lebenswahrheit 203; Liebe als Mittelpunkt der Handlung 203 f.; Lösung des Konflikts 204; Urbanität seiner Komik 204 f.; moralische Reflexionen, Verwandtschaft mit Epikur, selbständige Lebensanschauung 206 f.; Kritik der häuslichen Zustände, humane Gesinnung, Mäfsigung im Genufs, Zwiespalt der Weltanschauung 207 f.; religiöse Anschauungen 208 f.; Stil 210 f.; Erfolge, namentlich nach seinem Tode 211 f.; Einfluſs auf die gleichzeitige und spätere Litteratur bei Griechen und Römern, wie lange erhalten 213 f.; Spruchsammlung, Überschätzung, seine Statue 214 f.
Doppelbearbeitungen seiner Stücke (Ἀδελφοί, Ἐπίκληρος, Περινθία) III 70, A. 243; IV 171, A. 3; — γνῶμαι IV 214; — als Plagiator I 169; — Statue im Theater des Dionysos III 38, A. 121; ἄστρον τῆς νέας κωμῳδίας IV 190, A. 47; — und Philemon IV 188 f.
Seine Komödien IV 190 ff.:
Ἄγροικος 199, A. 85;
Ἀδελφοί 194 f.; 194, A. 67; 222, A. 172;
Ἁλιεῖς 198, A 84;
Ἀνδρία 195;
Ἀνδρόγυνος 205, A. 109; 233, A. 220;
Ἀσπίς 198, A. 82;
Γεωργός 197, A. 77; 199, 210, A. 130;
Δάρδανος 200, A. 92;
Δὶς ἐξαπατῶν 190, A. 49; 202, A. 99;

Δεισιδαίμων 197, A. 79; 200, A. 94;
Δύσκολος 199;
Ἑαυτὸν τιμωρούμενος 195;
Ἐπίκληρος 199, A. 89;
Ἐπιτρέποντες 197, A. 77; 199, A. 83; 199 und A. 88 und 89; 206, A. 115;
Ἑταῖραι 194, A. 65;
Εὐνοῦχος 196, 200;
Ἡνίοχος 206, A. 115; 209, A. 126;
Ἥρως 222, A. 172;
Θαΐς 197, A. 77;
Θεοφορούμενος 197, A. 79;
Θετταλή 197, A. 79;
Θησαυρός 197, A. 77; 199, A 89; 205, A. 9;
Θρασυλέων 197, A. 77; 198, A. 80;
Ἱέρεια 197, A. 79;
Καταψευδόμενος 222, A. 172;
Καρίνη 209, A. 123;
Κνιδία 209, A. 124;
Κόλαξ 196, A. 71; 198, 200, A. 93;
Κρωβύλη 194, A. 65;
Κυβερνῆται 207, A. 117;
Λευκαδία 161, A. 24; 197;
Λοκροί 199, A. 89;
Μηναγύρτης 197, A. 79;
Μεσσηνία 182, A. 28;
Μισογύνης 192, A. 58; 196;
Μισούμενος 197 und A. 77;
Νομοθέτης 198, A. 83; 199, A. 89;
Ξενολόγος 198, A. 82; 200, A. 92;
Ὀργή 204, A. 108;
Παιδίον 207, A. 118; 222, A. 172;
Περικειρομένη 197, A. 77;
Περινθία 171, A. 3; 195, A. 70; 200, A. 91; vgl. III 70, A. 243;
Πλόκιον 185, A. 34; 208, A. 120;
Ῥαπιζομένη 197, A. 77;
Σικυώνιος 197, A. 77;
Συναριστῶσαι 198, A. 84;
Συνέφηβος 222, A. 172;
Τροφώνιος 198, A. 83;
Ὑδρία 208, A. 120; A. 122;
Ὑμνίς 197, A. 78;
Ὑποβολιμαῖος 198, 199, A. 89; 208, A. 124; 222, A. 172;
Φανίον 197, A. 78;
Φάσμα 197 und A. 77; 222, A. 172;
Φιλάργυρος 194, A. 65;
Χήρα 222, A. 172;
Ψευδηρακλῆς 198;
Ψοφοδεής 198, A. 82; 199, A. 89.
Menedemos bei Epikrates IV 167, A. 183.

Menexippos, Komiker, Κεραυνός IV 177, A. 11.
Menestheus und die Athener im Schiffskatalog I 562.
Menippos, Kyniker, parodisch-satirische Dichtungen II 488, A. 10; unfrei geboren I 175.
Menippus, Geograph, und Xanthos aus Sardes I 253, IV 240.
Μεντοριθήρη I 736, A. 13.
μεσαύλιον III 161, A. 528.
Mesodos III 151, A. 496.
μεσοειδὴς τρόπος II 530, A. 11.
Mesomedes' Prooimien I 745, A. 8.
Μέσση πολυτρηρών I 790.
Metagenes, Komiker IV 103.
μέθεξις in Platons Parmenides IV 467, A. 148.
Metonischer Schaltcyklus IV 486.
Metonymie im Gebrauch der Götternamen I 329.
μεταρράπτειν III 70, A. 242.
Metrische Rücksichten bei Homer I 862.
Metrisches in der alten Poesie I 382 ff.
Metrodoros von Lampsakos und die Homerische Forschung I 264, 891.
μέτρον Ἀριστοφάνειον III 111, A. 379.
μέτρον ἐγκωμιολογικόν II 167, A 185.
Metronymika bei Hesiodos I 1002, A. 82; 1019.
Metrotimos II 328.
Midas von Agrigent, Flötenspieler II 149, A. 138.
Midas von Phrygien, der Griechenfreund I 50, A. 36; 450; Grabmal und Grabinschrift I 43, A. 19; 779;
— und der Einfall der Kimmerier (Kallinos) II 179.
μικρότερος κρατήρ II 96.
Milet als litterarisches Centrum II 20; als Wiege der Prosa II 392 f.
Mikythos aus Rhegion, sein Weihgeschenk eine Statue Homers I 478.
Mimnermos II 258 ff.; Zeit und Ort 258 f.; Charakteristik seiner Dichtungen 259 f.; Erotisches und andere Stoffe 261; Sammlung seiner Poesien 262; sein Stil 262 f.; sein Einfluß auf die griechische und römische Litteratur 263; eines Elegien unter Theognis' Namen überliefert II 310; im Urteile des Horaz II 263, A. 49; — und Simonides von Amorgos II 200, A. 76.
Mimische Tanzweisen in Sparta III 7, A. 13.

Mimnes II 328.
μίμοι ἀνδρεῖοι und γυναικεῖοι IV 39, A. 69.
Mimos IV 37 ff.
Mimus der Römer, abhängig vom griechischen Vorbilde IV 183; als Ersatz der Atellanen IV 535 f.
Minckwitz und die Homerische Frage I 521, A. 9.
Minen, alexandrinische, zu unterscheiden von den ägyptischen IV 422, A. 41.
Minyas, identisch mit der Phokais des epischen Kyklos? II 37; Erzählung von Thamyras' Bufse I 403.
Μίθαικος, ὀψοποιία IV 237, A. 3.
Mittelalter, griechisches, chronologische Umgrenzung II 3 f.
Mnasalkas von Sikyon, als Nachahmer des Simonides II 376.
Mnaseas und die delphischen Orakelsprüche I 332, A. 48.
Mnemonik als Erfindung des Simonides von Keos II 362, A. 114.
Mnesarchis II 152, A. 144.
Mnesias IV 506.
Mnesimachos, Komiker (Ἱπποτρόφος) IV 169, auch A. 195.
Mnesiptolemos in der Kritik des Epinikos IV 178.
Mörser und Mörserkeule statt der Mühle bei Hesiod I 958 f.
Moiris, Grammatiker IV 561.
Moiro von Byzanz I 165, A. 24.
Moirokles, Redner IV 400.
Μολοσσικὴ ἐμμέλεια III 164, A. 540.
μῶλυ nach Eustathios I 911.
Monatsnamen, in den Mundarten verschieden formiert I 56.
Mond, in der Orphischen Kosmogonie II 86, A. 36.
Monochord, κανών IV 524, A. 42.
Monimos II 489, A. 10.
Monodischer Vortrag s. Chorgesang.
Monotheismus in den mystischen Lehren erhalten II 82; — des Xenophanes II 419, A. 25.
μορμολυκεῖον III 96, A. 332.
Morsimos III 609.
Morychos III 610.
Moschine I 165, A. 27.
Moschion als Dichter historischer Dramen III 186.
Müllerlieder I 352.
Mündliche Überlieferung, neben der schriftlichen I 211 f.

Mundarten in den Kolonien I 54; in ihren Unterschieden I 55 ff.; rücksichtlich der mehr oder minder bewahrten archaischen Bestandtheile I 58; in ihrer Gleichberechtigung in der Litteratur I 82 ff.
Mundartliche Unterschiede im grammatischen Geschlecht der Substantive I 57, A. 16; im Gebrauch einzelner Worte I 57, A. 17 und 18.
Μῶσα, *Μοῖσα*, *Μοῦσα* I 56, A. 10.
Μοῦσα, Etymologie I 320 f.
Musaios als vorhomerischer Dichter I 392 ff.; in Verbindung mit Orpheus I 401; Geltung seiner Dichtungen im Altertum II 77 ff., vgl. I 241; seine Thesprotis als Quelle für Eugammon II 53; seine Titanomachie II 36, A. 16; seine Weissagungen von Onomakritos gesammelt I 341; Zaubersprüche I 358; Hymnus im τελεστήριον zu Phlye I 214, A. 70; als Erfinder des Hexameter I 386, A. 217.
Musen, ursprünglich Quellnymphen, ihre Genealogie, ihre Zahl und Namen I 319 f.; angerufen von Hesiodos I 747; Neunzahl bei Hesiodos I 966, A. 5.
Musenkultus in Pierien I 319 ff.; am Ilissos 320.
Musik, hellenische II 119 ff.; Verbindung der Poesie mit Musik und Tanz 119; ihre Wertschätzung bei den Hellenen 120; fünf Tonweisen und ihre Abarten 120 f.; Dichter und Komponisten 121; Phorminx und Flöte 121 ff.; Saiteninstrumente 123 f.; Flötenspiel 124 f.; — im griechischen Mittelalter II 18 f.; in ihrem Verhältnis zur lyrischen Dichtkunst der dritten Periode II 497 f.; im Drama III 160 f.; in der jüngeren Lyrik II 531 ff.
Musikgeschichte I 279.
Musische Wettkämpfe II 498 ff.
Musischer Agon des Thamyras u. s. w. zu Delphi I 403, A. 260.
Musonius Rufus IV 566 f.
Myia I 164, A. 23; II 379, A. 158; 382, A. 173.
μυλλός, μύλλειν, μωμύλλειν IV 9, A. 26.
Μύλλος πάντ' ἀκούων IV 9, A. 26.
Myllos, Schauspieler und Dichter III 85, A. 293.

Myllos, stehende Figur des alten attischen Lustspiels IV 9.
Myniskos aus Chalkis, Schauspieler III 90, 92, A. 318.
Μύριλλα s. Damokopos.
Myrsilos II 273 f.
Myrtilos, Komiker IV 61; *Τιτανόπανες* IV 50, A. 20
Myrtis II 379.
Myser I 44.
Mysischer Kriegszug bei Stasinos II 55, 56, A. 73.
Mystis II 152, A. 144.
Mystische Kulte im griechischen Mittelalter II 17.
Mysticismus, in den ionischen Kolonien zurücktretend im Vergleich zum Mutterlande I 801, A. 36.
Mythologie, ihr Ursprung I 312.
μῦθος — Fabel I 369, A. 176.

Nachahmung älterer Muster in der griechischen Litteratur I 168.
Nachlaſs, litterarischer I 252; — der Tragiker III 245 f.
Naevius, Ilias, II 43, A. 40; — Akontizomenos, Colax und ihre griechischen Vorbilder IV 154, A. 31, vgl. IV 235, A. 230.
Numen bei Homer I 810 ff.
Namen des Verfassers, von diesem selbst dem Werke beigefügt I 247.
Namengebung in der mittleren Komödie IV 141; bei Plautus und Terenz IV 141, A. 57.
Namenverzeichnisse von Beamten und Priestern, als älteste Denkmäler der Prosa II 354 ff.
Νάρνιον, Komödie, zweifelhaft, ob vom Eubulos oder Philippos III 54, A. 180.
Nanno II 260.
Nationalepos I 422 ff.
Nationalfeste II 15 f.
Nationalgefühl, gering entwickelt II 9 f.
Naturgefühl der Griechen I 9 ff.: Homerisches, auf vorhomerische Anschauung zurückzuführen I 325 f.; in den Werken der römischen Litteratur I 10, A. 9.
Natursymbolik in der epischen Sage I 416.
Naukrates, Schüler des Isokrates IV 373.

Nausikles, Rechtsbeistand des Aischines IV 403.
Nausikrates, Archont (?) III 561, A. 291.
Nausikrates, Dichter der mittleren oder neueren Komödie? IV 236, A. 232.
Nausikydes IV 447, A. 97.
Ναυπάκτια ἔπη I 1011.
Nearchos IV 326.
Nebenchor III 76.
Nebenrollen nichthomerischen Charakters in der Tragödie III 197 f.
Nebukadnezar und griechische Söldner II 11.
Neid der Götter in der Tragödie III 192.
Nekyia, ihr Verfasser I 687 f.; in Beziehung zu Hesiodos' κατάλογος u. s. w. I 690.
Neleus, Aristoteliker IV 477, A. 175; 478.
Nemeische Festspiele II 15; musischer Agon II 149; Siegerverzeichnis II 355.
Nemesion, τετραλογία I 908, A. 63.
Neobule s. Archilochos.
Neophron III 608; — Medeia III 505 und A. 118.
Neoteles I 905, A. 50.
νεώτεροι, οἱ, = κυκλικοί II 28, A. 2.
Ν ἰχθυστικόν in der Atthis II 474, A. 27.
Nereidenverzeichnis, fehlte in der *Ἀργολική* I 623, A. 246.
Νησιώτης II 407, A. 40.
Nestor im vorhomerischen Liede I 348; in der Homerischen Sage I 459.
νητοειδής τρόπος II 530, A. 11.
Neupythagoreer und die pseudopythagoreische Litteratur I 241.
Nikandros von Kolophon, περὶ τῶν ἐκ Κολοφῶνος ποιητῶν I 162, A. 21; Eigentümlichkeiten im Gebrauch der modi I 105, A. 155; im Urteil der Alexandriner I 287.
Nikandros, Theriaka, und die Kritik im Altertum I 255.
Nikanor, περὶ στιγμῆς τῆς παρ' Ὁμήρῳ I 907.
Nikeratos von Herakleia II 462; als Rhapsode I 489.
Niketes aus Smyrna IV 546 f.
Niketes, Deklamator (bei Seneca) IV 547, A. 26.
Niketes Sacerdos IV 547, A. 26.
Nikias aus Elea II 55.

Nikias von Athen, Brüder IV 444, A. 91.
Nikochares' Δηλιάς II 457, A. 4.
Nikochares, Komiker IV 77, A. 117; 105.
Nikokles und Isokrates I 179.
Nikokrates (Nikokreon) I 215, A. 72.
Nikolaos von Damaskos, Selbstbiographie I 291; Bruchstück einer Komödie bei Stobaios IV 236, A. 232; gegen Aristoteles περὶ οὐρανοῦ IV 486; als Verfasser von Pseudo-Aristoteles περὶ κόσμου IV 494, A. 236; 566; zu Theophrastos' Metaphysik IV 502, A. 268.
Nikomachos, Aristoteles' Vater IV 472.
Nikomachos' Elegie, illustriert I 236.
Nikomachos, Tragiker III 510; als Dichter einer Trilogie III 232, A. 112.
Nikomachos, Komiker IV 236, A. 232.
Nikophon, Komiker IV 105.
Nikostratos, Komiker, Aristophanes' Sohn? (Ἄντυλλος, Οἰνοπίων, Ὀρνιθευτής) IV 165 f. und A. 173; 174; Βασιλεῖς IV 135, A. 40.
Nikostratos, tragischer Schauspieler IV 161, A. 147.
nil admirari IV 411.
Ninnius Crassus II 43, A. 40.
Nireus und der Schiffskatalog I 560.
Nitzsch und die Homerische Frage I 519.
Nomos, Begriffsbestimmung I 324, II 162 ff.; aulödischer, unterschieden vom kitharödischen II 166; Gliederung in der älteren und jüngeren Form II 211; monodisch vorgetragen II 134; bei den jüngeren Dithyrambikern II 529 f.; Unterschied vom Dithyrambos II 530; *Nomos* und Paian II 223.
νόμος ὄρθιος Terpanders II 213, A. 32.
Nomische Poesie, Anklänge in den Homerischen Hymnen u. a. I 749, A. 24.
Nosten, des Agias II 52 f.; des Eumelos (?) II 69; ein alter Vorwurf für Sänger I 661; — und die Nekyia I 693; setzen die abgeschlossene Odyssee voraus I 725.
Nothippos III 610, A. 47.
τό ὃον δρᾶμα, νενόθευται III 72, A. 250.
Numenios IV 572, A. 106.

Νυκτομαχία als Teil der kleinen Ilias II 51, A. 59.
Nymphodoros (ὁ θαυματοποιός) IV 42, A. 62.
Nymphaios aus Kydonia II 201, A. 1.
Νῦσα, Νύσιον πεδίον I 770, A. 70.
νὺξ εὐφρόνη, ein Euphemismus I 315, A. 8.
νὺξ θοή I 315, A. 8.

Odeion des Perikles (Lykurgos) II 502; eingeweiht durch Herodots Vorlesung IV 247.
Odysseus und die Handlung der Odyssee I 422.
Odysseussage, Ursprung und Erweiterung I 461.
ὄγκος III 97 und A. 334.
Οἰχαλίας ἅλωσις II 37 f.
Oidipodie des epischen Kyklos II 39; des Kinaithon II 70.
Οἰδίπους πρότερος III 66, A. 226.
οἱ ἐξήκοντα vgl. Parasiten.
οἴμη, οἶμος I 745, A. 6.
Oiolykos' Leichenspiele I 930, A. 26.
οἷς, delphisch = οἷ I 56, A. 12.
οἶσθ' ὃ δρᾶσον I 133, A. 222.
Οἰνόλινος I 323 f.
Okellos, Pythagoreer IV 418.
Ökonomie des Dramas: Monolog, Dialog, Chor III 129; χορικά, τὰ ἀπὸ σκηνῆς, μονῳδία, ἀμοιβαῖα, Klagelieder (κομμοί) 130 und A. 425—430; Botenberichte 130 ff.; lyrischer Schluſs 139.
ὀκρίβας III 34, A. 104.
Olenos von Lykien, Hymnenpoesie I 392, 402 f., II 111 f.; als Erfinder des Hexameters I 386.
ὀλιγοχορδία II 532, A. 20.
Olivenkranz, goldner, als Preis im musischen Agon II 506.
Ὀλοοσσὼν λευκή I 790.
Olympiodoros und Proklos, Prolegomena IV 464, A. 139.
Ὄλσοι bei Skylax, Ἑλίσυκοι bei Herodotos IV 271, A. 91.
Olympische Festspiele II 15; Siegerverzeichnisse II 385.
Olympischer Agon, während der dritten Periode II 459.
Olympos, Berg, und Thessalien I 310; Namen, phrygischen Ursprungs I 321; mystische Feier daselbst I 318, A. 11.

Olympos, Götterberg I 318; in der Ilias und Odyssee I 736.
Olympos, Flötenspieler aus Phrygien I 322, A. 20; II 125.
Ὀμήρειον, Grotte bei Smyrna, Gymnasiou in Chios I 478.
Ὁμηρεών, Monatsname auf Ios I 477, A. 72.
ὁμηρίδδειν I 798, A. 30.
Ὁμηρισταί I 492, A. 29.
Ὅμηρος Σέλλιος, περιοχαί zum Menandros IV 193, A. 64.
ὁμόπτωτα bei Andokides IV 348, A. 50.
Onatos (Onatas) IV 419, A. 31.
Onesikritos IV 326 f.
Onomakritos, Biographisches und seine Thätigkeit für die Orphische Dichtung I 397, II 85 ff.; Fälschungen Orphischer Poesie I 241, 974 f.; als Fälscher des Musaios II 78; — und die epische Dichtung I 263; Redaktion der Homerischen Dichtung I 530 ff., 885 ff.; Homerexemplar I 599, A. 34; Redaktion der Hesiodeischen Theogonie I 989; Sammlung des epischen Nachlasses II 29.
Onomakritos von Lokris, reist nach Kreta II 55.
ὀνομαστὶ κωμῳδεῖν IV 118, A. 211, A. 213; vgl. 121, A. 216.
Onomastos, Sieger in Olympia I 456, A. 37.
ὀνόματα und ἀριθμοί bei den jüngeren Pythagoreern IV 455, A. 117.
Ophelion, Komiker (βιβλίον Πλάτωνος εὐβρόντητον) IV 167, A. 188; benutzt den Eubulos IV 163, A. 158.
ὀφιοδόροι I 337, A. 66.
ὀφρυόσκιον (Platon) IV 431, A. 61.
ὀπιτθοτίλα I 128, A. 208.
ὀψαρυσία in Alexis' Ὀδυσσεὺς ὑφαίνων IV 155, A. 119.
Ὀψοποιΐα des Epicharmos eine Fälschung IV 35, A. 51.
Orakel und Verwandtes in Ilias und Odyssee I 736; mit Bezug auf die Perserkriege und in Aischylos Persae III 290, A. 44; bei Demosthenes in Macartatum III 19, A. 52; an den Lykurg in ionisch-epischem Stil I 469.
Orakel, chaldäische IV 567, A. 92.
Orakelfälschungen I 331.
Orakelsprüche, delphische, des Lykurg I 335; in Prosa I 337; dodonäische I 340, A. 81.
Orakelpoesie, namentlich in Delphi I 331 ff.; Stil und Dialekt I 336 f.; in Hexametern, auch in Iamben I 336; in Distichen I 336, A. 63; mit Unrecht angefochten I 332; schriftlich fixiert I 338.
Orakelsammlungen, in Sparta, Athen (?) I 338, A. 74.
Orchestik in der alten Tragödie III 162; Aischylos' Einfluss auf dieselbe III 163; des Sophokles Einfluss III 164; des Chors seit Sophokles auf die Chorlieder beschränkt III 164; in der jüngeren Tragödie III 164 f.; in der alten Komödie III 165; im Satyrspiel III 166: in der mittleren und neueren Komödie III 166, A. 549; Schriftsteller über dieselbe III 162, A. 533.
Orchestra III 34.
Orchomenos in Böotien, bei Homer I 471; Kultusstätte der Hekate I 984.
ὀρεάνες I 337, A. 66.
Ὀρειβάντιος I 406.
Oreibasios als Epitomator I 151, A. 13.
ὀρείχαλκος aus αὐρόχαλκος, italischgriechisches Mischwort I 111, A. 161.
ὀρεμπόται I 337, A. 66.
ὀρίζων = Horizont IV 524, A. 40.
ὀρκίων σύγχυσις und Platon Rep. II, 379 I 569, A. 43.
Ὅρκοι, Orphische Dichtung II 97, A. 69.
Ὀρνιθομαντεία I 958, A. 42; 980, A. 33.
Orodes und die Bakchen des Euripides III 171.
Oros in den hermetischen Schriften IV 572.
Orpheus I 392 ff., 396 ff.; thrakischer, boiotischer, lesbischer II 81, A. 24; — der Kikone II 93, A. 59; in den Bassariden des Aischylos III 345, A. 174; im Zeugnisse des Herakleitos I 399; im Urteile des Platon I 393 f.; als Erfinder des Hexameters I 386, A. 217; — ὁ θεολόγος II 94, A. 59; im Dienste des Apollon II 113, A. 23; — und Zagreus I 396; als Verfasser von Zauberformeln I 358.
Orpheus von Kamarina I 397, II 88.
Orpheus von Kroton I 397, II 86, 87; siehe auch unter Onomakritos.

Orphiker I 392; nach Onomakritos II 87.
Orphische ἀναγραφαί II 83 und A. 30.
Orphische Dichtungen I 391 ff.; Hymnen, Ἀργοναυτικά, Λιθικά I 401, A. 250; Hymnen und Melodien II 83; ihr Alter im Vergleich zu Homer nach dem Urteil der Alten I 391, A. 224; — der alexandrinischen Zeit II 96; Schlußredaktion II 95; — im Urteil der griechischen Erudition II 88 f.; im Urteil des Aristoteles I 394; — Verzeichnisse des Altertums II 90, A. 44; in Suidas' Katalog II 97, A. 71; zum größten Teil gefälscht I 241.
Orphische Kosmogonie, verschiedene Systeme II 86, A. 35.
Orphische Mysterien II 81 f.; in ihrem Einfluß auf die Litteratur II 84.
Orthagoras von Sikyon II 6.
ὄρθιον ἐξαμερές, τετόρων καὶ εἴκοσι μέτρων I 387, A. 218.
Ortsnamen aus der Heimat in die Kolonien übertragen (Krathis, Sybaris, Magnesia, Kyme, Pelinnaion, Erythrai) I 12, A. 10.
Ὀσχοφόρια im Oktober III 15, A. 41.
ὀστεογενές (Platon) IV 431, A. 61.
OY und EI durch die Schrift vollständig dargestellt zuerst in Ortschaften der jüngeren Doris I 67, A. 43.
οὐδὲν πρὸς τὸν Διόνυσον III 254, A. 8; 261, A. 30.

Π statt Κ (ποῦ — κοῦ etc.) in der Ias I 555, A. 145.
Paian I 325.
Palaiphatos I 405, A. 270.
Palamedes' Tod in den Kyprien II 47.
Palmblätter als Schreibmaterial I 207.
Παμβοιώτια II 15, A. 23.
Pamphides I 403, A. 22.
Pamphila I 166.
Pamphilos IV 560; — περὶ βοτανῶν IV 571, A. 102.
Pamphos I 392, 403, II 113; als Quelle für Hom. hymn. in Cer. I 759.
Pamphylien I 47 f.
Παναιτιασταί IV 533, A. 7.
Panathenaien, lyrischer Agon I 149; gymnischer und musischer Agon II 499, 500, A. 11.
Παναθηναικὸν θέατρον III 21, A. 60.

Panaitios aus Rhodos IV 532 ff.; über die Schriften der Sokratiker I 249, A. 159; IV 412; erklärt Platons Phaidon für unecht IV 453.
Πάνδια III 32, A. 97.
Pandora bei Hesiod I 945.
Panegyris als Gelegenheit für rhapsodische Vorträge I 489.
Πανίδου ψῆφος II 64, A. 92.
Πανιώνιον II 15, A. 23.
παννυχίδες und die Handlung der Komödie des Menandros IV 203, A. 103.
Pannychis der Lenaien III 26, auch A. 77.
Παννυχίς, Komödientitel IV 135, A. 39.
Pantakles II 152, A. 145.
πάντα νομιστί II 413, A. 9.
Πανύασις, Πανύατις, Name, karischen Ursprungs IV 242, A. 15.
Panyasis, Epiker II 478 ff.; — und Herodotos IV 242 f.; — und das parodische Element der Batrachomyomachie I 773; im alexandrinischen Kanon I 285.
Paphos, Mundart I 55.
Papierpreise I 219.
Pappel beim Lenaion III 34, A. 107.
Pappos, Auszüge aus Eukleides' Πορίσματα IV 523, A. 39.
Papyrus, Schreibmaterial I 208, II 13; verhängnisvoll für die Erhaltung alter Litteratur I 149; Preis I 209, A. 56.
Papyrusrollen, ägyptische, als älteste noch erhaltene Handschriften I 238; mit einem Bibliothekskatalog I 275; dem Toten mit in das Grab gegeben I 275, A. 20.
παραχορήγημα III 84, A. 291.
παραγραφή, παράγραφος als Zeichen der Gliederung in Prosa und Poesie I 233.
παρακαταλογή bei Archilochos I 439, A. 45; II 132; im Dithyrambos durch Krexos eingeführt II 534, A. 29; 537; im Drama III 126, A. 416 und 419.
παρανομεῖν, anomales Augment II 472, A. 23.
παραπαίειν (παρακόπτειν) I 130, A. 210.
Paraphrasen zum Homer I 911.
Parasit der mittleren Komödie IV 133; als stehende Figur von Alexis eingeführt IV 150; bei Diodoros, Komiker IV 168, A. 188.

Parasiten als berufsmäfsige Erzähler I 360.
παρασκήνιον III 84, A. 291.
παραστιχίς s. ἀκροστιχίς.
παρατραγῳδεῖν IV 142, A. 58.
παρέκβασις im Epinikion II 171, A. 196.
παρεπιγραφαί III 52, A. 177.
Paris-Alexandros, Doppelname I 813.
Paris-Priamos, Namen gleichen Stammes I 813.
πάρισον bei Thukydides IV 291, A. 149.
Parmenides II 490 ff.; Zeit, Vaterland, Beziehungen zu anderen Philosophen, Persönlichkeit 490 f.; Philosophie 492 ff.; poetische Form 494 f.; περὶ φύσεως von Kallimachos dem Parmenides abgesprochen (?) 495, A. 18; Dorismen in seinem Lehrgedicht I 84, A. 87; — unter Xenophanes' Einflufs II 421; im Platonischen Dialog IV 465 f.
Parodie, namentlich in der mittleren Komödie IV 130; auf die Tragiker in der Komödie III 104, A. 363.
Parodische Dichtung und Homer I 882.
Parodisches Epos der dritten Periode II 486 ff.
Parodische Vorträge an den Panatheneien II 487.
Parodos, bisweilen in der Form der Trias gegliedert III 133, A. 436; ausnahmsweise die Tragödie eröffnend III 134; verschiedenartiger Charakter III 135.
παροιμία I 363.
Paroimiakos, Versmafs des Sprüchworts und der ältesten volkstümlichen Dichtung I 364, 383.
Parrhasios' Gemälde zur Verherrlichung des Philiskos IV 168, A. 192.
Parthenios im Urteil der Alexandriner I 287.
Parthenopaios des Dionysios, Fälschung unter Sophokles' Namen I 248, A. 158.
Partikeln I 130 ff.; ἠέ, οὖν, ὦν, ἐπεί τε, ἀτάρ, αὐτάρ, θήν A. 215; εὖτε, αὖ, εὖτε, τε, τοι, περ A. 216; ὄφρα, τόφρα, ἦμος, τῆμος, ἠμὲν-ἠδέ, ἠδέ, ἰδέ, δηῦτε A. 217; μέσφα, δῆα, δῆθεν, δήπου, δήπουθεν, εἶτα, ἔπειτα, ἔστε, οὐκοῦν, οὔκουν, οὖν, καίτοι, τοίνυν, ἆτε, πότερον (πότερα), δαί, ἄχρι, μέχρι, πλὴν A. 218; δή, ὥστε, ὅπως, ὡς, γε, ἄρα A. 219.

Pasikles von Rhodos, als Verfasser von Aristoteles' Metaphysik (Α τὸ ἔλαττον) IV 492.
Pasiphon aus Eretria, als Verfasser der Dialoge des Aischines IV 412, A. 2; als Verfasser der ἀκέφαλοι des Platon IV 470, A. 156.
Palaikos I 375 f.
πατάνη, πατάνα, παντάνα etc. aus Syrakus übertragener Ausdruck I 40, A. 11.
πατεῖν, librum terere I 378, A. 201.
Patrai, Bibliothek I 216 und 217, A. 79.
Patronat und Schriftsteller I 178.
Patronymika auf ίδης, ίων im aiolischen Dialekt I 56.
Paulos von Germe als Kritiker I 254.
Pausanias περιηγητής IV 544 ff.; — über Linos' Gedichte I 402, A. 253; über die Homerischen Hymnen I 770, A. 72.
Pausen während theatralischer Vorstellungen III 31.
Peisandros von Kameiros II 72 ff.; seine Herakleia, eine Bearbeitung nach Peisinoos I 537; im alexandrinischen Kanon s. auch I 285, A. 40.
Peisinoos von Lindos, Herakleia II 73, A. 21.
Peisistratos und die Homerische Dichtung I 262, 500, 503 f.; Sammlung der Orakelpoesie II 79; Einflufs auf die Entwickelung des Dramas III 8 und A. 15; — und der tragische Agon III 257; Bibliothek I 214 f.
πηκτίς II 123, A. 51.
Pelasger I 38.
Peleus' und Thetis' Vermählung im vorhomerischen Liede I 348.
Peloponnesischer Krieg, sein Einflufs auf Charakter und Litteratur II 465 f.
πεπλεγμένη τραγῳδία III 426, A. 185.
Πέπλος des Brontinos (?) II 91.
Pergamenische Schule und Homer I 902 ff.; — und ihre didaskalischen Studien III 64, A. 216.
Pergament I 209.
Pergamon, Bibliothek I 263; als Ersatz der alexandrinischen für die Homerischen Studien I 905.
Periakten III 40 f.; rechte und linke III 45.
περὶ ἀρετῶν καὶ κακιῶν IV 566.

περὶ Ἰσθμίων ΙΙ 79, Α. 16.
περὶ καταρχῶν I 400, Α. 249.
περὶ κήπων ἐργασίας συγγράμματα IV 237, Α. 3.
Perikleitos II 217.
Perikles und seine Zeit II 482 ff.; — ἐπιτάφιος und Platons Menexenos IV 458; — und das Theorikon III 47f. und A. 160.
Perikles der jüngere, zum Tode verurteilt IV 444.
Perikopen, anapaistische, in der Parodos III 133.
περίκρανον III 97, Α. 334.
περιοχαὶ zur Ilias I 910, Α. 69.
Perioden der griechischen Litteraturgeschichte I 302 ff.
περὶ Ὁμήρου καὶ Ἡσιόδου καὶ τοῦ γένους καὶ ἀγῶνος αὐτῶν I 444.
Peripatetiker, ihre litterarhistorische Forschung I 271; — und der litterarische Nachlaß des Aristoteles I 263.
Περιπατητικοί, οἱ ἐκ περιπάτου, οἱ ἐκ τῶν περιπάτων IV 476.
περίπατος ἑωθινός, δειλινός IV 476, A. 172.
περὶ τοῦ παντός IV 566, A. 87.
περὶ ὕψους c. 13 I 168, A. 29; 281.
Perser, unter griechischem Einfluß I 50 f.
Perserkriege, ihr Einfluß auf den attischen Charakter II 461.
Persien und die nationale Idee während und nach dem peloponnesischen Kriege II 468 f.
Persinos von Milet (Ἀταρνεύς), Orphiker I 400, II 87, 88 und A. 41.
Persische Eigennamen, von Ktesias übertragen IV 319, A. 230.
Personifikation in der alten Komödie IV 12, A. 40.
Petelia, Mundart I 55.
πεζὸς λόγος I 389, A. 221.
Phaeinos II 490, A. 3.
Phaennis I 347.
Phaiax, Redner IV 350, vgl. 349.
Phaidon, Dialoge im Urteil des Panaitios IV 412; im Platonischen Dialog IV 452.
φαλλικά, φαλλοφορικά III 9, A. 16.
Phallos, Symbol des Dionysos (Ἐλευθερεύς), bei dionysischen Prozessionen vorangetragen, ein Gebrauch, der nach Herodot auf Melampus zurückzuführen wäre, Phallos als Opfer von attischen Kolonien und Bundesgenossen an den großen Dionysien dargebracht III 9, A. 16; — in der Volksposse IV 12, A. 37.
Phanias von Eresos als Quelle des Marm. Par. I 277, A. 25; als Verfasser der ἠθικὰ μεγάλα IV 494, vgl. auch 507 und A. 280.
Phanodemos, Ἀτθίς IV 322.
Phanosthenes IV 454, A. 116.
Phantasia aus Memphis I 406.
Phaselis I 48.
Phayllos, κύκλος II 29, A. 3.
φηγὸς und δρῦς in der Ilias und Odyssee I 732, A. 7.
Pheidias im Poimandres IV 575, A. 117; — und Homer I 879, A. 12.
Pheidon in der Odyssee s. Echetos.
Phemios bei Homer I 308; als vorhomerischer Sänger bei Herakleides Pontikos I 405; als Rhapsode bei Platon I 488.
Phemonoe, weissagt angeblich zuerst in Hexametern I 387, A. 219; vgl. auch 333, A. 50.
Pheneos, mystische γράμματα daselbst II 83, A. 30.
Pherekrates, Komiker IV 60 f.; — Ἄγριοι, wann aufgeführt IV 80, A. 123, vgl. auch 439.
Pherekydes von Leros IV 241.
Pherekydes von Syros II 424 ff.; Weissagungen I 341, A. 83; durch Orphische Lehren beeinflußt I 397; — und Hesiods Theogonie I 973; als ältester Prosaiker II 391.
Philainis I 165, A. 26; 245.
Philammon von Delphi I 402, II 112, 164.
Φιλάργυρος, Titel mehrerer Komödien der neueren griechischen Komödie IV 185, A. 32.
Philemon der ältere, Komiker IV 215 ff.; Biographisches 215 f.; persönliches Verhältnis zu Menandros 188 f., 217 f.; vergleichende Beurteilung beider in ihrer Zeit, Philemon in Alexandria, Kyrene 218 f.; Zahl seiner Stücke 219 f.; Charakter seiner Kunst (unter Beziehung auf Plautus) 220 ff.; Verwandtschaft mit dem Kunstcharakter des Menandros 221 f.; übereinstimmende Komödientitel 222, A. 172; allegorische Figuren 222, A. 174; sittliche Anschauungen bei wirksamer Komik, Rationalismus

222 ff.: Stil 224; Sage von seinem
Tode IV 170; Ausgabe des Homer
I 593, A. 19.
Seine Komödien IV 215 ff.:
Ἀδελφοί 222, A. 174;
Ἀήρ 222, A. 172;
Εὔπορος 220 f.:
Ἥρως 222, A. 172;
Θησαυρός 220, 222, A. 172:
Καταψευδόμενος 222, A. 172;
Κόλαξ 219, A. 166;
Μέτοικος 219, A. 166;
Νόθος 182, A. 28;
Παιδάριον (*Παιδίον*) 222, A. 172;
Πανήγυρις 218, A. 163;
Πάροινος 219, A. 166;
Πύρρος 219, A. 166; 223, A. 175;
Πυρφόρος 219, A. 166;
Στρατιώτης 219, A. 166;
Συνέφηβος 222, A. 172;
'Υποβολιμαίος 158, A. 42; 222, A. 172;
Φάσμα 221, A. 170;
Φιλόσοφοι 223, A. 175;
Φυλακή 219, A. 166;
Χήρα 222, A. 172.
Philemon der jüngere IV 224.
Philesia, Xenophons Gattin IV 295, A. 165.
Philetairos, des Aristophanes Sohn? IV 165.
Philetairos, Komiker; *Ἀντυλλος*, *Οἰνοπίων* IV 165 f. und A. 173.
Philetas, Homeriker I 895; sein Homerisches Glossar beim Komiker Straton IV 235; als Elegiker im Urteil der Alexandriner I 287.
Φιλευριπίδης III 569, A. 316.
Philinos III 38, A. 120.
Philippos, Aristophanes' Sohn, Komiker IV 164 f.
Philippos von Makedonien II 467 f.; seine antipersischen Pläne II 469; sein Schreiben an die Athener bei Demosthenes IV 391; — und Aristoteles IV 472 f., 474, 483 f.
Philippos von Medma IV 521, A. 28.
Philippos von Opus, als Verfasser von Platons Menexenos IV 458; als Herausgeber von Platon de legg. I 263.
Philippides, Komiker IV 228 ff.; Biographisches, politische Stellung und Wirksamkeit 228 f., vgl. 178; seine Dramen 229 f.; Φιλευριπίδης, *Ἀργυρίου ἀφανισμός* 230, A. 207.

Philippides, Namen mehrerer Athener zur Zeit des Komikers gleichen Namens IV 228, A. 199.
Philippides, Redner, in der mittleren Komödie IV 137, A. 45.
Philiskos, alexandrinischer Tragiker IV 515; sein Themistokles III 186, A. 26.
Philiskos' Epigramm II 176, A. 215.
Philiskos, Komiker IV 168.
Philistion aus Magnesia (Nikaia) IV 237, 535 f.
Philistos, Isokrateer IV 319, A. 232.
Philistos aus Naukratis IV 319.
Philistos aus Syrakus, Historiker IV 319 f.
Philochares, Aischines' Bruder IV 401.
Philochoros' Epigrammensammlung I 282; über das Alter Homers und Hesiods I 931, A. 31; über Alkman II 239, A. 128; 933, A. 34; *περὶ Σοφοκλέους μύθων*, *ἐπιστολὴ πρὸς Ἀσκληπιάδην*, über Euripides' Leben III 179, A. 6; 466, A. 1; *Ἀτθίς* IV 322.
Philodemos, Epikureer, und sein Urteil über litterarisches Honorar I 180; — ästhetisch-kritisierend I 280; Fragmente I 290.
Philokles, Tragiker III 608; seine Pandionis, eine Tetralogie III 227, A. 102; siegt im tragischen Agon über Sophokles III 423.
Philokrates, Redner IV 406; in der Komödie des Eubulos IV 160, A. 144.
Philoktetes und der Schiffskatalog I 557 f.
Philolaos, Pythagoreer II 442, IV 415, 417, 419, A. 29; 422.
φιλομμειδής von Hesiod falsch gedeutet I 315, A. 7.
Philon von Athen IV 528, A. 57.
Philon von Byblos, bibliographische Werke I 253, 276.
Philon von Byzanz IV 528.
Philonides, Komiker IV 62.
Philoponos citiert Pseudo-Herodot, de vit. Hom. IV 278, A. 116.
φιλοσοφεῖν, φιλόσοφος, φιλοσοφία II 409, A. 1.
Philosophen und Homer I 876.
Philosophie, Anfänge II 409 ff.; — der dritten Periode IV 409 ff.; während der vierten Periode IV 529 ff.; allgemein verbreitetes Interesse für

sie auf der Bühne IV 410; — und Volksglaube im griechischen Mittelalter II 17; als Muster der exakten Wissenschaften IV 411; ihre Geschichte in den gelehrten Studien des Altertums I 279.
Philosophische Schriften in der Wertschätzung der Leser I 259 f.
Philostratos, βίοι σοφιστῶν I 295, IV 546, A. 23; περὶ τῆς τοῦ Σοφοκλέους κλοπῆς III 370, A. 54.
Philoxenos' Kyklops II 534, A. 30.
Philteas IV 241, A. 13.
Philyllios, Komiker IV 103.
Phlegon als Quelle für Iulius Africanus I 296.
Phlyaken III 167.
φοινικήια γράμματα I 198, A. 34.
Phoinikides, Komiker IV 235.
Phoinix von Kolophon, Choliamben II 511.
Φοιτώ I 343, A. 91.
Phokais des epischen Kyklos II 37.
Phokion als Redner IV 400; Rechtsbeistand des Aischines 403.
Phokylides II 297 ff.; Spruchdichtung 297 f.; ποίημα νουθετικόν (γνῶμαι — ἀργυρᾶ ἔπη) 298 ff.; nennt sich als Verfasser seiner Sprüche I 247; satirisches Epigramm II 176; — als Gegenstand litterarischer Fälschung I 240.
Phönix, Vogel I 1009, A. 101.
Phönizier I 39; bei Homer I 792.
φόρμιγξ I 432, A. 25.
Φορμίων τοῦ Παννάτιος II 478, A. 5.
Phormis IV 21, 37 und A. 55.
Φόρμος s. Phormis.
Phoronis II 71.
Photios' Bibliothek I 154, A. 18; 295; Excerpte I 150; über die Diadochie der Pythagoreer IV 416; über den Bestand der griechischen Litteratur im IX. Jahrhundert I 154; ,τὰ ἐκ τῶν ἀμαξῶν' III 11, A. 24.
Φριχωνίς (Κύμη) I 922, A. 9.
Phryger I 38, 41 ff.; ursprüngliche Ausdehnung 41; Verwandtschaft mit den Hellenen 42; an der Sprache erweislich 42, A. 16; Sprachliches 43.
Phrygien als Ursprungsstätte der Fabel I 372.
Phrygische Schriftzeichen, dem griechischen Alphabet entlehnt I 50.
Phrygische Sprachproben I 43, A. 20.
φρυκτώριον III 43, A. 137.

φρυκτὸς Αἰλμοῖς I 334, A. 54.
Phrynichos, Grammatiker IV 560 f.; seine Beschäftigung mit Kritias IV 342, A. 46.
Phrynichos, Komiker IV 95 ff.; Ἐφιάλτης IV 97, A. 147; Κωμασταί IV 97; Κρόνος IV 97, A. 147; Μονότροπος IV 96 f.; Τραγῳδοὶ ἢ Ἀπελεύθεροι IV 97, A. 148; von Hermippos des Plagiats beschuldigt IV 109, A. 197.
Phrynichos, Tragiker III 263 ff.; führt Frauenrollen ein III 265; — und der iambische Trimeter III 266; als Dichter eines historischen Dramas s. auch III 186; als Meliker III 267; Ἄλκηστις III 498, A. 100; Μιλήτου ἅλωσις III 68, 264 f.; vgl. auch A. 44; Φοίνισσαι III 291, A. 46.
Phrynis, Meliker II 505, A. 22; 537 f.; rhythmisch-metrische Neuerungen II 164, vgl. auch 217.
Phrynon II 272, A. 2; 273.
Phylekidas II 516, A. 8.
Phylen, attische, nach den Heroen benannt (Demosthenes, ἐπιτάφιος) IV 395, auch A. 147.
φυσικοί bei den Pythagoreern II 433, A. 66.
φυσικοί, φυσιολόγοι, als Bezeichnung der ionischen Naturphilosophen II 411, A. 4.
Phytios, Ibykos' Vater (?) II 332, A. 1.
Pierien und sein Musenkultus I 319.
Πιερίς I 320, A. 14.
Pigres von Halikarnafs, Batrachomyomachie und Interpolation der Ilias I 772, 889.
Πίμπλεια I 320, A. 14.
Πίνακες, Dramenverzeichnisse III 66, A. 228.
Pindaros II 512 ff.; Biographisches 512 ff.; Beziehungen zu Myrtis, Korinna, Aischylos 513, zu Simonides und Bakchylides 513 f.; Pythagoreisches 514; erstes Auftreten in Olympia, Ol. XI und XII 514 f.; Pindar und die Perserkriege 515 f.; Pyth. V 516; Pindar bei Gelon, Isthm. VIII 516 f.; Umstimmung auf politischem Gebiet, Unbefangenheit, aristokratisch-dorische Richtung, Wahrhaftigkeit 517 f.; sittliches Empfinden, Mafshalten, Uneigennützigkeit (vgl. auch I 179), Pietät 519 f.; religiöse Anschauungen, lehrhafter Charakter; zwei Ausga-

ben seiner Gedichte, verschiedene Gattungen 521; Epinikien 522 ff.; der Mythos im Epinikion 523 ff.; Subjektives 525; Vollendung der metrischen Form 525, vgl. auch II 138; Dialekt 526, vgl. auch II 145; Sprachliches 526; ἀκμή 527, vgl. auch I 300, A. 68; Nem. V, Isthm. VI, Abfassungszeit 514 A. 1; Olymp. V und Aristoph. v. Byz. I 256; Olymp. VII im Tempel auf Rhodos I 214, A. 70; Hymnus auf den ammonischen Zeus I 214, A. 70; Enkomion auf Theoxenos II 168, A. 189; Parainesen I 170, A. 35. Charakter seiner Poesie im Vergleich zu Homer I 1013, A. 112 und 113. —, seine ästhetische Kritik I 266, dauerndes Interesse für seine Dichtung II 154; Pindar im alexandrinischen Kanon I 256.

ΠΊΡΕΚΑΊ, Perikles, lykischer Dynast I 46, A. 28.
Pirindelis II 478, A. 5.
Πιθοίγια III 15.
Pittakos II 272, A. 2; 273; im Müllerliede I 352.
Pittheus' Spruchweisheit I 1016, A. 119.
Pius über die Athetesen des Aristarch I 908.
Pixodarosinschrift I 46.
Plagiate in der griechischen Litteratur I 169; als Thema der späteren Grammatiker I 169, A. 34.
πλατειάζειν I 120, A. 181.
Platon, Komiker, Zeit und Lebensverhältnisse IV 98; Zahl seiner Stücke 99; allgemeine Charakteristik 99 f.
Ἄδωνις IV 101, A. 160;
Ἀμφιάρεως IV 101, A. 160;
Γρῦπες IV 101, A. 160;
Δαίδαλος IV 99, A. 155;
Ἑλλὰς ἢ Νῆσοι IV 100, A. 156;
Εὐρώπη IV 101, A. 160;
Ζεὺς κακούμενος IV 101, A. 160;
Ἰώ IV 101, A. 160;
Κλεοφῶν IV 99, A. 155;
Λάιος IV 101, A. 160;
Λάκωνες ἢ Ποιηταί IV 100, A. 159;
Μαμμάκυθος IV 99, A. 154;
Μενέλεως IV 101, A. 160;
Μύρμηκες IV 99, A. 154;
Νὺξ μακρά IV 101, A. 160;
Ξάνθριαι ἢ Κέρκωπες IV 101, A.160;
Πείσανδρος IV 98, A. 151; 99 A. 152;
Περιαλγής IV 100, A. 156;
Ποιητής IV 100, A. 159;
Πρέσβεις IV 100;
Σκευαί IV 99, A. 154;
Σοφισταί IV 100, A. 159;
Συμμαχία IV 99, A. 154;
Ὑπέρβολος IV 99, A. 155; 100, A. 156;
Φάων IV 101, A. 160.

Platon, Philosoph, Biographisches IV 419 ff.; Vermögensverhältnisse 419; erste Reise 419 f., 422, 423; Eröffnung seiner Schule, Beziehung zu Isokrates, Polemik gegen die Sophisten (Polykrates) 420 f.; schriftstellerische Thätigkeit bis zur dritten Reise; gröfsere Arbeiten unterschieden von den s. g. sokratischen Dialogen 421 f.; Platon in Tarent (Archytas), Syrakus (Dion), Reise zu Philolaos und Eurytos eine Erdichtung 422; Fährlichkeiten der ersten Reise 423; zweite Reise nach Syrakus, dritte Reise, Sühneversuch zwischen Dion und Dionys 423 f.; Unproduktivität nach Ol. 105, 1, Archytas' Einflufs, Hinneigung zum Pythagoreismus 424 f.; ἄγραφα δόγματα 424, A. 43; 426, A. 47; Anhänger und Freunde 424; Vorträge περὶ τἀγαθοῦ 424, A. 45; 426, A. 47; 429.

Platons Ziele, monarchische Richtung 425; patriotischer Glaube 426; schriftstellerische neben der Lehrthätigkeit, Bedeutung und Popularität der letzteren 426 f.; Charakteristik seiner Persönlichkeit, Subjektivismus, Idealismus (vgl. auch 429), Uneigennützigkeit 427 ff.; Christliches; poetische Begabung 429 f., vgl. auch I 170, A. 35; Epigramme II 176, A. 215; Sprichwörtliches I p. 365; Versuche landschaftlicher Schilderung I 10, A. 8; satirische Ader, Verwandtschaft mit Aristophanes, Archilochos IV 429 ff.

Erfolge 431 f.; gehässige Kritik 432; dialogische Form, Sokrates verschieden dargestellt, δραματικοί (μιμητικοί), διηγηματικοί, μικτοί 433 f.; Ironie 435; Dialoge mit Doppeltiteln überliefert I 223; Trilogien, Tetralogien IV 435 f.; Zeitfolge 436 f.; Schleiermachers, K. F. Hermanns, Ed. Munks

Ansichten über die Entwicklung des Platonischen Systems 437 f.; zur Ideenlehre 455, A. 117; 466 ff. Mundart I 74; Dorismus I 176; Kratylos als Quelle für die ältere Atthis I 72, A. 54; 77, A. 73; Metaphern I 74;
— und die nicht-philosophische Litteratur: — und die Orphiker I 393 f., II 89; — als Gegner der Homerischen Dichtung I 875; über Fälschungen alter Poesie I 394; — und die Tierfabel I 370; Urteil über die ältere Komödie IV 111; Verdienste um die Mimen des Sophron I 249; ästhetische Anschauungen I 270; — als Kritiker philosophischer Systeme I 268; als Nachfolger des Pythagoras IV 416; als Verteidiger des Sokrates vor Gericht IV 451, A. 106; bei Aristophon IV 167; bei Epikrates IV 167, A. 153; als Dichter einer tragischen Tetralogie III 234.

—, seine Schriften: zum Teil zweifelhaft oder unecht IV 429;
Ἀλκιβιάδης I IV 306, A. 195; 469 f. u. A. 54;
Ἀλκιβιάδης II IV 469;
Ἀλκύων IV 471;
Ἀξίοχος IV 470;
Ἀπολογία IV 421, 433, 434, A. 70; 435, 436, 451 ff.;
Γοργίας IV 419, 431, 432, 442 f., 461;
Ἐπινομίς I 249, A. 160; IV 464;
Ἐπιστολαί I 242; IV 419, 426, 431, A. 71; 471;
Ἑρμοκράτης IV 426, A. 47; 465;
Εὐθύδημος IV 464;
Εὐθύφρων IV 430, 453 f.;
Θεαίτητος IV 434, 435, 436, 454, 465, A. 143; 469, A. 151;
Ἴων IV 454;
Ἵππαρχος IV 470;
Ἱππίας I } IV 449 f.;
Ἱππίας II }
Κρατύλος IV 455;
Κριτίας IV 435, 468;
Κρίτων IV 421, 432, 433, 435, 451 f.;
Λάχης IV 469, A. 152;
Λύσις IV 448, 469, A. 152;
Μενέξενος I 214, IV 456;
Μένων IV 448, A. 98;
Μίνως IV 470;

Ὅροι IV 471;
Παρμενίδης IV 435, 438, 465 ff.;
περὶ δικαίου IV 460, A. 131;
περὶ ἰδεῶν διαιρέσεις IV 426, A. 47; 431, 471;
περὶ νόμων I 228; IV 424, 425, 434, 435, 460, 464;
περὶ τἀγαθοῦ IV 424, A. 45;
Πολιτεία I 228, IV 421, 425, 434, 435, 436, 460 ff.;
Πολιτικός IV 435, 436, 465;
Πρωταγόρας IV 419, 439 ff.;
Σοφιστής IV 426, A. 48; 435, 436, 465 und A. 143;
Τίμαιος IV 433, A. 66; 435, 436;
Φαῖδρος IV 421, 455;
Φαίδων IV 431, 434, A. 70; 435, 436, 452 f.;
Φίληβος IV 465, A. 142;
Φιλόσοφος IV 426, A. 47;
Χαρμίδης IV 448 f.; 469, A. 152.

Πλάτωνος βιβλίον ἐμβρόντητον bei Ophelion IV 167, A. 168.

Plautus' Amphitruo IV 123, 130; Asinaria und Demophilos' ὀναγός IV 234; Bacchides IV 184, A. 31; Casina IV 184, A. 31; 226; Colax IV 184, A. 31; Menaechmi IV 184, A. 31; Mercator IV 184, A. 31; 220; Mostellaria IV 221; Poenulus IV 154, A. 116; 184, A. 31; Rudens IV 184, A. 31; 227; Trinummus IV 184, A. 32; 220; Bearbeitung von Diphilos' Συναποθνῄσκοντες IV 227, A. 197.

Pleias, tragische, im Urteil der Alexandriner I 285, A. 39; 287.
πλεῖν bildlich I 129, A. 209.
Pleisthenes, Schauspieler III 91, A. 311.
πλημμελεῖν I 130, A. 210.
Plotinos von Porphyrios herausgegeben I 263.
Plutarchos IV 537 ff.; unechte Schriften I 244; über Homer I 444, 876, A. 7; 877, A. 8 und 9; über die attischen Redner I 295; Andokides IV 346; A. 49; vitae parall., ein Auszug I 252.
πλύνειν = schmähen I 943, A. 11.
πνῖγος III 128, A. 423.
ποδαβροί I 337, A. 66.
Poesie, älteste, Stil I 381 f.; metrische Form I 382 ff.
Poetischer Dialekt, im eigentlichen Sinne, existierte nicht I 63, A. 86.

ποιεῖν und γράφειν von der dichterischen Thätigkeit I 389, A. 220.
ποιεῖν, von der dichterischen Thätigkeit, ποίησις, ποιητής I 388, A. 220.
ποιητής und ἐποποιός unterschieden I 389, A. 220.
ποικιλῳδίῳροι I 337, A. 66.
Poimandres IV 573, A. 109; 574, A. 112 und 113; 575 ff.
ποιότης (Platon) IV 431, A. 61.
Polemon, Antonius, Sophist IV 550.
Polemon, Akademiker, über Homer und Sophokles I 830, A. 93.
Polemon, Epigrammensammlung I 292; über Herodot IV 252, A. 49.
πόλεμος I 127, A. 206.
πολέμου ὀρχήστρα I 326, A. 32.
Poliochos IV 236, A. 232.
Politik und Dichtkunst I 175 f.
πολιτικαὶ ἐκδόσεις I 886, A. 3; 899.
Politische Entwicklung während des griechischen Mittelalters II 5 ff.
Pollion, ἰχνευταί I 169, A. 34.
Pollux, Iulius, Grammatiker IV 561 f.
Polos, Sophist IV 342.
Polos, Schauspieler III 28, auch A. 83; 88, A. 304; 91.
Polybios' Summarien I 232; Polemik, namentlich gegen Timaios I 269; über Sosilos IV 518.
πολυχορδία II 532, A. 20.
Polyeidos II 542 f.
Polyeuktos, Redner IV 400.
Polygnotos unter dem Einfluſs der Tragödie III 177.
Polygraphie in der griechischen Litteratur I 172.
πολυκέφαλος νόμος II 128, A. 72.
Polykleitos, Erbauer des Theaters zu Epidauros III 39, A. 125.
Polykrates von Samos, Bibliothek I 214.
Polykrates von Athen, Sophist; IV 351 f.; als litterarischer Fälscher I 245; gegen Sokrates IV 451, 454, A. 115.
Polymnestos von Kolophon, Meliker II 220 f.; als Rhapsode I 489.
πολυώνυμος I 327, A. 34.
πολυφωνία αὐλῶν II 532, A. 20.
Polyphradmon, Tragiker III 227, A. 101; 267, 602.
Polyschematismus, zuerst bei Korinna II 380, A. 162; des Euripides III 125, A. 415.
Polyzelos, Komiker IV 105.

Polyzelos, Lyriker II 332, A. 1.
Pomponius Secundus, Verfasser von Satyrspielen (?) III 243, A. 157.
Pontianos aus Nikomedia IV 432, A. 64.
Πορφύρα des Xenarchos oder des Timokles III 73, A. 251; IV 168, A. 190.
Porphyrios, ζητήματα Ὁμηρικά, περὶ τοῦ ἐν τῇ Ὀδυσσείᾳ τῶν νυμφῶν ἄντρου I 909, A. 66; über das Zeitalter des Homer und Hesiod I 936, A. 39; φιλόσοφος ἱστορία I 279, A. 30; περὶ τῆς ἐκ τῶν λογίων φιλοσοφίας IV 567; φιλολογικὴ ἀκρόασις I 169, A. 34; über Pythagoras II 429 f.; Kommentar zum Iamblichos IV 569, A. 97; — und Plotinos I 263, 291; ästhetische Kritik I 281.
Poseidippos, Komiker IV 232 ff.; — Statue 233, A. 219; Ἀποκλειομένη 233, A. 217, Ἑρμαφρόδιτος, Ἀρσινόη, Γαλάτης 233, A. 220; Ἀναβλέπων, Χορεύουσαι 233, A. 221; Briefwechsel mit Lynkeus 233, A. 221.
Ποσειδῶν = Ποτειδάων I 113, A. 166.
Poseidonia enthellenisiert I 40.
Poseidonios, Studium der aristotelischen Schriften IV 479; — und Aristoteles' Meteorologie IV 487; — und Pseudo-Aristoteles' περὶ κόσμου IV 564, A. 54.
Potamon, Rhetor IV 556, A. 57.
Pratinas III 261 f.; Δίμαιναι III 263, A. 36; — und das Satyrdrama III 236; lyrische Dichtungen III 263.
πραττόμενοι, οἱ, πραττόμενα, τά I 267, A. 41.
Praxegoris II 152, A. 144.
Praxidamas über die Geschichte der Musik I 265.
Praxilla II 381 f.; Metrisches II 161.
Praxiphanes aus Mitylene I 894; IV 507.
Preise im musischen Agon II 505 f.; im dramatischen Agon III 59 ff.; — für den Kitharöden III 61, A. 210; für Schauspieler III 245; Verkündigung der Preise III 32.
Preisrichter für den dramatischen Wettkampf: ihre Zahl, Ernennung, ihr Eid, Platz im Theater, Abhängigkeit von der öffentlichen Meinung, Verantwortlichkeit III 57 ff.

Πρίαμος, aiolisch *Πέρραμος* = *Παρίαμος* I 89, A. 98.
Priscianus, Bearbeitung von Hermogenes' προγυμνάσματα IV 557.
Priskianós, Neuplatoniker IV 502, A. 270.
Proagon III 25, 29 ff.
προαναβάλλεσθαι = προμελετᾶν I 433, A. 28.
Prodikos, aus dem Lykeion verwiesen IV 333; über die ὀρθότης ὀνομάτων, ὧραι IV 334.
Prodikos, Orphiker, s. Herodikos.
προδόται καὶ κινέσωνες (Plut. de Pyth. Or. 25) II 88, A. 41.
προεδρία im Theater III 47, A. 158.
προγραφαί bei den Historikern I 232, A. 124.
Proklos' Chrestomathie I 294 f.; ὑποθέσεις der kyklischen Epen II 36; über die Authenticität von Platons Politik und Gesetzen IV 464; über Eukleides' Στοιχεῖα IV 523, A. 36.
Prolog im Drama III 79 f.; — des Rhesos, eine spätere Zudichtung III 80, A. 281.
Prometheus und Epimetheus bei Hesiod I 945.
Pronapides I 406.
προνόμια (προοίμια) des Timotheos I 745, A. 8.
Pronomos, Flötenspieler auf einem Vasenbild III 242, A. 147.
Proodos III 151, A. 496.
προοίμιον, Bedeutung und Umfang des Begriffs I 363, A. 160; als Anrufung der Gottheit I 434; als Bezeichnung der Homerischen Hymnen I 745.
πρόμαντον I 338, A. 72.
προπομποί III 339, A. 158.
Prosa wendet in verschiedenen Gattungen verschiedene Dialekte an I 85 f; —, älteste I 388 ff.; II 384 ff.; Mundarten II 396; — der zweiten Periode II 383 ff.; — der dritten Periode IV 237 ff.
Prosaische Litteratur, in ihrer Beurteilung bei den Alexandrinern I 289.
προσβολή, rhetorische Figur bei den Kyklikern II 59.
προσκήνιον, Theatervorhang III 145, A. 481.
προσκλύσιος I 113, A. 166.
προσοδιακός, von der anapästischen Tripodie I 383, A. 209.

Prosodie, Homerische, von der älteren Schreibweise beeinflußt I 866.
Protagonist III 87; sein Name in öffentlichen Urkunden verzeichnet III 92.
Protagoras IV 336 ff.; Biographisches 336 f. cf. 338, A. 30; Anklage ἀσεβείας 337; legt den Grund zur sophistischen Eristik, Einfluß auf die attische Prosa 338 f.; Verzeichnis seiner Schriften 338, A. 35; καταβάλλοντες λόγοι I 223, A. 98; *Ἀντιλογικά* und Platons Politie IV 463; sein Tod bei Platon, Theaitet 171 D IV 430, A. 58.
Protarchos IV 522, A. 33.
προτατικὸν πρόσωπον III 88, A. 304; 211, A. 78.
Provinzialismen in der alexandrinischen Poesie IV 514.
Prozessionslied I 325; — des Eumelos für Delos II 68.
Psammetich und griechische Söldner II 11.
Psampolis, Söldnerinschrift an dem Steinkolofs daselbst I 45, A. 26; II 24 f.
Ψαρομαχία I 774, A. 85.
Psellos, Kommentar zum Menandros IV 213.
ψήφισμα τοῦ μὴ κωμῳδεῖν IV 118, A. 211.
Psephismen im Buchhandel I 218, A. 82.
ψευδεπίγραφα I 254, A. 172.
ψευδοραψῳδία I 492, A. 32.
ψιλὴ αἴλησις II 125, A. 59; III 161, A. 529.
ψιλὴ κιθάρισις I 433, A. 27, II 124.
ψιλὴ λέξις I 438, A. 41.
Pterelas I 197, A. 31.
πτερνίζειν III 70, A. 242.
Ptolemaier und Attaliden, ihre Rivalität von Einfluß auf litterarische Industrie I 243.
Ptolemaios Askalonites, Homerische Studien I 905.
Ptolemaios Ἐπιθέτης, Chorizont I 511, A. 73, vgl. 596, A. 27.
Ptolemaios Hephaistion, seine litterarischen Fälschungen I 245, 406.
Ptolemaios ὁ Κλαύδιος, seine Optik in arabischer und lateinischer Übertragung I 156.
Ptolemaios Λαγίδης als Historiker IV 326.

5*

Ptolemaios Philadelphos' Bibliothek in Athen I 216.
Πυκιμήδη, Mutter des Hesiod I 920, A. 5.
Pylaimenes in den Zusätzen des Diaskeuasten I 579, A. 77.
πῦρ = phryg. *πύιρ* I 42, A. 18.
Πυρήνη bei Herodot, Aristoteles und Avienus IV 272 ff.
Pyres, Komiker IV 171, A. 2.
πυρκάοι (*πυρκόοι*) I 337, A. 66.
πῦς delph. = *ποῖ* I 56, A. 12.
Pythagoras II 428 ff. Quellenschriften 429 f. Ursprung und Lebenszeit 430; Reisen 430 f.; Auswanderung nach Kroton und Metapont 431; Verfolgungen der Pythagoreer 431 f.; reformatorische Bedeutung der Pythagoreer 432; verschiedene Grade des Bundes 432, A. 66; Lebensordnung, Musik 433; Speiseverbote A. 67; *σύμβολα* 434 f.; ethisch-politische Tendenz 436; Rekonstruktion des althellenischen Volkslebens, Neubelebung der Orphischen Lehre 436 f.; Pythagoras' Philosophie ursprünglich, ihr Einfluss auf andre Philosophen 437 ff.; System und Zahlentheorie 439 f.; Pythagoras hinterläfst nichts Schriftliches 441; *χρυσᾶ ἔπη* 442 f.; *ἀκμή* I 300, A. 68; *ἱερὸς λόγος, φυσικὸς λόγος* II 441, A. 86; fälschlich ihm beigelegte Schriften I 241, II 441, A. 86; — und die Orphische Tradition I 399; Ziele seiner Philosophie IV 410.
Pythagoras aus Kyrene IV 546, A. 23.
Pythagoreer als Nachfolger des Onomakritos II 87; Diadochie IV 416 ff.; Fortleben der Schule in der III. Periode IV 415 ff.; — auch 'Ἰταλικοὶ oder *οἱ περὶ τὴν Ἰταλίαν* II 412, A. 4; Symbolismus in ihrer Spruchdichtung I 356; Einfluss auf die Entwicklung der Strophenform I 991.
Pythagoreische Sprüche (*ἀκούσματα, παραγγέλματα, σύμβολα, αἰνίγματα* IV 434 ff.; bei Stobaios IV 436, A. 73.
Πυθαγορισταί II 433, A. 66.
Pytheas, Geograph IV 508.
Pytheas, Redner IV 405 f.
Pythermos II 161.
Πυθικὸς νόμος (*Πυθ. αὔλημα*) II 222, A. 67.
Πυθιονῖκαι I 270, A. 8.

Pythische Siegerverzeichnisse II 385.
Pythodoros, in Platons Parmenides IV 466 f.; Ankläger des Protagoras IV 337.
Pythokritos' Grabstein II 174, A. 208.
Python, im Dienste Philipps IV 391, A. 144; sein Satyrdrama Agen III 186, 243.

*Q*uellenangabe bei antiken Schriftstellern I 233.

*R*ätseldichtung I 354 ff.; Quellenschriften 356, A. 137; bei Hesiod 354; der altertümlichen Dichtung eigen I 1012, A. 111; in der dramatischen Poesie und bei den Dorern 355.
Rätselwettkampf I 355 f.
Realismus, vereinzelt in der griechischen Litteratur I 144.
Rechts und links im Theater III 44.
Reime im Drama III 154.
Religion und Sprache als älteste Regungen geistigen Lebens I 311; — und Naturwissenschaft I 312.
Religiöse Anschauungen des Hellenentums im Unterschiede zu denen des Orients I 312 f.
Religiöses Leben im griechischen Mittelalter II 16 ff.
Religiöse Poesie als älteste, vorhomerische Dichtung I 323 f.; ihre Eigentümlichkeit 326 f.
Recitationen litterarischer Produkte I 212 f.; bestimmter Werke für die Jugend I 214.
Recitativer und melischer Vortrag I 432.
Reden, Unsicherheit in betreff des überlieferten Verfassers I 248.
Redner der III. Periode IV 328 f., 343 ff.: Verbreitung der Beredsamkeit 326; Anfänge in Sicilien (Korax, Tisias) 329; Athen als Hauptstätte der politischen Beredsamkeit, alexandrinischer Kanon 343; Ausbildung einer Theorie der gerichtlichen Beredsamkeit, Lehrbücher, Musterstücke, *λογογράφοι* 344 f.
Rednerschule des Isokrates auf Chios, in Athen IV 361.
Redekunst, ihre Anfänge (in Sicilien) IV 329.
Refrain im Volksliede II 115.
Retardierende Motive in der Ilias I 606.

ῥαβδοφόροι III 31, A. 93.
ῥάβδος I 492, A. 32.
'Ραικοί bei Epicharmos = Römer IV 30, A. 28.
ῥαπιδοποιός = ῥαψῳδός I 490, A. 26.
Rhapsoden I 489 ff; an den Höfen asiatischer Fürsten I 50; ihr Repertoir 211; im Wettkampf 361; von Kitharöden zu unterscheiden 437, A. 38; — und Dichter zugleich 489 f.; schicken ihren Vorträgen Prooimien voraus I 746; ihr Einfluss auf die Gestaltung der epischen Dichtung I 495 f, II 54; Vortragsweise I 492.
Rhapsodische Vorträge, als Mittel zur Verbreitung Homerischer Poesie I 482; auch nichthomerischer Dichtungen I 491; — durch Knaben I 493; — bestehen weit über die klassische Zeit hinaus I 493.
ῥαψῳδός I 388, A. 220; 469 f.
ῥάπτειν ἀοιδήν I 388, A. 220.
'Ρηγίνων δειλότερος IV 42, A. 82.
Rhegion, Dialekt II 145, A. 130.
ῥήσεις III 258, A. 17.
Rhesos, Tragödie III 613 ff.; Inhalt 613 f.; dem Euripides abzusprechen 614 ff., vgl. 72; einem jüngeren Dichter aus Aischylos' Schule zuzuweisen 616 f.; die melischen Partien, Handlung und Charaktere 617; Spuren nachaischyleischen Geistes 617 f.; Beurteilung des Stückes 618; Prolog, III 50, A. 281; verloren gegangene Tragödie des Euripides III 614, A. 63.
Rhetra des Lykurgos I 418 f., vgl. 336; II 7, A. 4; 383.
Rhetoren als ästhetisierende Kritiker der Prosa I 281.
'Ρητορικὴ πρὸς Ἀλέξανδρον s. Aristoteles.
Rhianos als Dichter historischen Stoffs I 142; Homerausgabe I 895.
Rhinthon, Phlyakes, in Tarent III 167; — und Plautus' Amphitruo IV 123, A. 8.
Rhodopis I 374, A. 192; II 12, A. 19.
Rhodos, die dortige hellenische Kolonisation in der Ilias I 472; im Schiffskatalog I 559; bei Homer II. E I 575.
Rhythmenartiger Vortrag bei öffentlichen Handlungen I 390.

Rinderraub in den Eoien des Hesiod I 765.
Ringkampf, seit wann nackt ausgeführt I 1004, A. 89.
Rolle, eine von zwei Schauspielern gespielt III 89, A. 307.
Rollenverteilung unter die Schauspieler III 87; dem Ermessen des Dichters überlassen III 89; in Euripides' Phoinissai III 89, A. 307.
Rom, Bibliotheken I 216.
Römer in der griechischen Litteratur I 164.
Römisch-dramatische Litteratur in ihrer Abhängigkeit vom griechischen Drama III 171 f.; nationale Versuche auf diesem Gebiete 172.
Römische Kunst, ihr mehr realistischer Charakter I 141, A. 5.

Σ in vorhistorischer Zeit geschwunden und anderweitig ersetzt I 93 f.; ΣΣ mit ΤΤ in der Atthis vertauscht II 474, A. 26.
Σαβάχτης = Σαϝάχτης I 636, A. 149.
Sagaris I 406.
Sage und Mythus, Sage und Geschichte I 423; nicht die ausschliefsliche Grundlage der epischen Poesie I 603.
Sagen, ein Eigentum der gesamten Nation I 424, A. 4.
Sagenerzählung und Poesie I 359.
Sagenkreise und -wanderaugen I 424 f.
Sakadas II 201, A. 1; 221 f.
Σακιδίων II 222, A. 69.
Saliarlieder I 324, A. 24.
Sambyke II 123, A. 51.
Σάμορνα = Σμύρνα I 456, A. 34.
σαμφόρας I 358, A. 144.
Sänger und Singen zur Zeit des Epos I 427 ff.; in Ilias und Odyssee I 733.
Sängerkämpfe I 929.
Sängerschulen im epischen Zeitalter I 429.
Sängerstreit zu Chalkis I 355, 361, 930, 954 f.; II 52, A. 62; 63 ff.
Sanherib und griechische Söldner II 11.
σανίδες I 207, A. 49.
Σαννίων ὑποδιδάσκαλος III 52, A. 171.
Sannyrion, Komiker IV 103.
σαυπῖ, σᾶν κίβδαλον I 188, A. 9.
Σάος, nicht Sappho, auf dem Vasenbilde mit Thamyris I 404, A. 264.

Sappho II 285 ff.; Dialekt II 144; in der Komödie IV 225; in der Leukadia des Menandros IV 197, A. 75.
Satire unter dem Einfluſs der alten Komödie IV 111.
Satyrdrama, allgemeine Charakteristik III 236 ff.; Stoffe 238, zeitgeschichtliche 243; Chorlieder 238, Versmaſse und Sprache 241; auch auſserhalb tetralogischer Komposition III 243. — und Pratinas III 261 f.; als Stoffgebiet für die bildende Kunst III 241, A. 147; den Römern fremd III 243.
Satyros' Biographien I 253, 277; IV 519.
Scenenwechsel in der Tragödie III 202.
Scenische Spiele, ob auch an anderen Festen als den Lenaien und städtischen Dionysien III 21 und A. 60; ihre Reorganisation nach dem peloponnesischen Kriege III 244 f.
Schauspieler, gröſstenteils Athener von Geburt III 92; wandernde, in Attika III 22; ihre Zahl und Verwendung in der Tragödie III 82 ff.; erster, zweiter 81 und A. 286; dritter 83; vierter 84; in der Komödie 84 ff.; ihre Zahl bei Aristophanes, in der mittleren und neueren Komödie 85; — und Dichter, in ihrem persönlichen Verhältnis III 90; durch das Los an die Dichter verteilt 90; Honorar 91 und A. 316; haben Bürgschaft zu stellen für rechtzeitiges Erscheinen III 91, A. 316, nennen sich οἱ περὶ Διόνυσον τεχνῖται 92, A. 320; Prüfung 30, A. 88; 91; Masken und Kostüme 95 ff.; ihr Studium auch für den Redner bedeutsam 95; —, fünf, in der römischen Komödie III 86.
Schauspielergenossenschaft auf Sophokles zurückzuführen III 92; — und die Amphiktyonen III 93.
Schauspielkunst, berufsmäſsig erlernt und ausgeübt III 90; ihre Blütezeit 93; Würdigung und Charakteristik 94; realistische Richtung 95; — und das Virtuosentum 93.
Schauspielstätte vor Erbauung des Dionysostheaters III 33.
σχῆματ' Ὀλύμπου statt σήματ' Ὀλ. II 59, A. 80, vgl. 61, A. 63.
Scheria und die Phaiaken in der Odyssee I 786 ff.

Schicksal und Willensfreiheit in der Tragödie III 190 f.
Schiffskatalog, sein historischer Wert I 560 f.; Spuren doppelter Rezension I 563, A. 24; warum *Βοιωτία* genannt 563 f.; Versuch ihn in fünfzeilige Strophen zu zerlegen I 559, A. 16.
Schild des Achill I 623 ff.; im Vergleich mit ähnlichen Beschreibungen I 623, A. 249.
Schild des Herakles verschieden beurteilt von Apollonios Rhodios und Aristophanes von Byzanz I 256.
Schlachtlied I 325.
Schnitterlied I 353.
Σχοινίων (νόμος) II 219, A. 56.
σχολικὰ ὑπομνήματα I 252, A. 165.
Schreiben und Lesen, Gemeingut der Nation I 211.
Schreibmaterial I 207 ff.
Schrift und Schriftzeichen I 185 ff. Geschichte des Alphabets s. unter Alphabet; Alter der Schrift I 192, 195 ff.; Richtung der Zeilen I 194 f.; Einführung nach Herodot I 197 f.; hieratischer Ursprung 201 f., im ursprünglichen Zusammenhang mit dem Staborakel I 202 f., bei Homer 204 f., vgl. 527 f.; im Gebrauch der Dichter 203 f.; zu monumentalen Zwecken verwendet 203; früheste Erwähnung beim Dichter in Bezug auf die eigene Thätigkeit 204; Unentbehrlichkeit für die Litteraturentwicklung 209 ff.; Gebrauch im griechischen Mittelalter II 13; Schreiben und Verwandtes, Ausdrücke dafür im Griechischen I 202, A. 40.
Schuld und Schicksal in der Tragödie III 192 ff.
Schulklassiker des Altertums I 286 f.
Schwalbenlied I 351; metrische Form 384, A. 211.
Scipio der jüngere und Panaitios IV 533.
Σηκώ, Epicharmos' Mutter IV 24, A. 13.
Selbstbiographien I 291.
Seleukos der ältere (?) βίοι I 278, A. 26.
Seleukos, Ὁμηρικός I 905.
σελίδις, σελίδια I 233, A. 130.
Σελλοί I 339.
σέλματα von den Rhapsodien I 495, A. 43.

Semitische Fabeln bei den Hellenen I 372.
Σημωνίδης II 195, A. 57.
Sengebuschs Hypothese über Homers Zeitalter I 463, A. 47.
σηψιδακές (Platon) IV 431, A. 61.
Serapeion zu Alexandria, Brand I 149.
Serenus, als Epitomator des Philon I 253, 276.
Sextus Empiricus über den Vortrag der Homerischen Gedichte I 436, A. 35.
Sibilanten s. Zischlaute.
Sibylle I 342 f. Etymologie 342, A. 90; kumäische s. Demo; erythräische 344.
Sibyllensage v. Kyme I 201, A. 38 a. E.
Σιβυλλιακῶν χρησμῶν lib. II auf (Pseudo) Phokylides zurückzuführen II 301 f.
Sibyllinische Weissagungen I 343; in Rom 344; Revision durch Augustus 346; in der alexandrinischen Sammlung 346 f.; Fälschungen 242.
Sicilien als Pflanzstätte der Litteratur, namentlich der Komödie IV 18 ff.
Side I 48.
Sidon, nicht Tyros, als phömicische Hauptstadt bei Homer I 792.
Sidonius Apollinaris über Menandros IV 213.
Siebengestirn, tragisches, der Alexandriner IV 515.
Sieben Weisen II 412 ff.: sittliche Tendenz ihrer Wirksamkeit 412; wechselseitige Beziehungen 413; Sittensprüche in Delphi 413, II 175, A. 211; Notizen und Schriften des Altertums über sie 413 und A. 8; Briefe und Sprüche bei Diog. Laert. II 414, A. 10 (im Text fälschlich 9); Spruchweisheit vgl. auch I 362.
Sigeion, Kämpfe um seinen Besitz zwischen Mitylene und Athen II 273.
Sigmatismus des Euripides, von Eubulos verspottet IV 161, A. 148.
Σικελικός des Diphilos (?) III 73, A. 252.
Sikelioten, ihr Naturell IV 21.
σικελίζειν IV 21, A. 6.
Sikinnis III 166, A. 547.
Sikyon, Bedeutung für den Prometheusmythus I 994, A. 72; — und die Litteratur im griechischen Mittelalter II 20; lyrischer Agon II 149; Priesterinnenkatalog II 384; — und die Anfänge der Tragödie III 254; sein Anspruch Geburtsstätte der Komödie zu sein IV 2, A. 5.

Silanos IV 518.
σίλλοι s. Spottlieder.
Simon, als Verfasser von Platons Minos, Hipparchos IV 470.
Simonides, der Genealog II 358, A. 96; 361.
Simonides von Amorgos II 195 ff. Leben und Lebenszeit 195; Vergleich mit Archilochos 196; satirisch-didaktischer Charakter seiner Dichtung 197; Gedicht über die Frauen 197 f.; Parainese an den Sohn 199; Stil 200; Elegien 200; ἀρχαιολογία τῶν Σαμίων 200, A. 76, vgl. 70, A. 11; Tierfabel I 370. S. auch Semonides.
Simonides v. Keos II 358 ff.; Leben 358 ff.; Geburtsjahr und Vater des Dichters A. 96; Ort und Jahr seines Todes 361, A. 110; Äusseres und Charakter 361 f., vgl. I 179; Dichterhonorar 363; Vielseitigkeit des Dichters 365; Dithyramben 365 f.; Enkomien und Epinikien 366; Hyporcheme 367; Elegien und Trauergesänge (θρῆνοι) 367 ff.; Epigramme (Timokreon) 369 ff., II 176; untergeschobene Epigr. 370 f.; mafsvolle Haltung seiner Dichtung 371; Gegensatz und Gegnerschaft Pindars 371 f.; Harmonie zwischen Form und Inhalt 373; Kunstcharakter des Simonides 373 ff.; Urteile des Altertums 374, A. 138, 139; metrische Form 373 f. vgl. II 138; für Simonides charakteristische Fragmente 375; Wertschätzung im Altertum, namentlich in Athen 376; Nachahmer 376; Dialekt II 145; als ältester Dichter von Epinikien II 169; — und das ionische Alphabet I 190, A. 13; symbolische Ausdrucksweise I 356; — im alexandrinischen Kanon I 285.
Simplikios, Erklärer des Aristoteles I 253.
Simylos, Komiker IV 167, A. 188.
Singen und Sagen I 430.
Sinnbildliche Ausdrucksweise in der älteren Poesie I 356 f.
Siphnos, Alphabet I 192, A. 16.
Sisyphos, als Quelle der Spruchweisheit I 1016, A. 119.
Sisyphos des Kritias, dem Euripides zugeschrieben III 612.
Sitzplätze, Verteilung derselben im Dionysostheater in römischer Zeit

III 37, A. 113, der Archonten III 45, A. 145.
σκάζων s. χωλίαμβος.
σκιαγράφος = σκηνογράφος III 178, A. 2.
σκηνή III 34, A. 105; 40, A. 126.
σκηνογραφία, Entwicklung durch Aischylos und Sophokles III 43, A. 141.
Skepsis, Aristoteles' Schriften daselbst verborgen IV 478.
Sklaven, litterarisch thätig I 174.
Skolion, Begriffs- und Worterklärung II 160 ff.; Quellenschriften des Altertums darüber II 160, A. 156, vgl. 161, A. 165; auf Harmodios und Aristogeiton II 161, auf die Alkmaioniden II 162, A. 166; des Pindar II 162, A. 168.
σκοπή III 43, A. 137.
Skopelianos von Klazomenai IV 547 f.
Skylax aus Karyanda IV 508.
Σκύλλα, Dithyrambos II 509, A. 31.
Skylla und Charybdis in der Odyssee I 810, A. 52.
σκυτάλη I 203 und A. 41.
σκώμματα τὰ ἐκ τῶν ἁμαξῶν III 11, A. 23; — Μαισωνικά IV 6, A. 19; — Μεγαρικά IV 6, A. 19, vgl. 11, A. 35.
σκώπευμα III 167, A. 552.
Skythinos, des Anakreon Vater II 337, A. 16; —, Iambograph ebd.; —, Bearbeitung von Herakleitos περὶ φύσεως IV 415, A. 13.
Smikythos, Weihgeschenk I 438, A. 41.
Smyrna als Heimat des Homer I 454 ff.; als älterer Name für Ephesos I 455, 456, A. 37; zur Zeit der Homerischen Dichtung rein aiolisch I 456; wann durch Alyattes zerstört, durch Lysimachos wiederhergestellt I 454, A. 32; 455; Bibliothek I 216.
σοβάς III 166, A. 547.
Sokrates IV 411; Einflufs auf Isokrates IV 360; Doppelehe mit Xanthippe und Myrto IV 471; als ἐπιστάτης nach der Schlacht bei den Arginusen IV 442, 443, 444; sein Urteil über die Komödie IV 111, A. 201; poetische Bearbeitung Aisopischer Fabeln I 378, A. 201; 379; Prooimion auf den Apollon I 745, A. 8.
Sokratiker, Nachlafs IV 412.
Soldatenlieder I 353.

Söldnerinschriften in Nubien II 385.
Söldnerwesen im griechischen Mittelalter II 10.
Solinus über das Zeitalter des Homer und Hesiod I 936, A. 39.
Soloikismos I 112, A. 162.
Solon II 264 ff.; Geschichtliches 264 f.; Poesie und Leben in Wechselwirkung 265; Elegie und Iamben 266; dreizehnte und andere Elegien 267; Elegien unter Theognis' Namen überliefert 310; Salamis 268; vierte Elegie 268; Fragmente und ihre Tendenz 268 f.; geplantes Epos Atlantis 270; Solons Verhältnis zur Dichtkunst 270 f.; Dichter und Prosaiker I 170, A. 35; von Tyrtaios beeinflufst II 258; — und Homer I 262, 499; — und die Anfänge des Dramas III 256; — und die Erziehung II 14.
Solonische Gesetzgebung II 388 ff.; ihr Einflufs aufserhalb Athens II 389; von Grammatikern kommentiert II 389, A. 17; nicht metrisch I 390, A. 222.
Sopater, Iamblichos' Schüler IV 568, A. 96.
Sophainetos Anabasis IV 298.
Sophilos, Komiker IV 168.
Sophisten und die Homerische Forschung I 264, 891 f.; — und die Tierfabel I 370; ihre Schriften zeitig verloren gegangen I 149.
σοφιστής im Gegensatz zum ποιητής I 265, A. 4; = ποιητής I 388, A. 220.
Sophistik IV 329 ff.; allgemeine Charakteristik und Würdigung 329 ff.; die älteren Sophisten in ihrer Verschiedenheit trotz gemeinsamer Bestrebungen 331 f.; Weltbürgertum, Aufnahme in Athen, diplomatische Thätigkeit 332 f.; mündliche und schriftliche Wirksamkeit, Lehrfreiheit, Lehrstätten 333 f.; Stoffgebiete der Vorträge und Schriften, Honorar 334 f.; Philosophen und Sophisten, Geltung anderer Richtungen neben und über den Sophisten 335 f.; im Urteile des Platon, Isokrates, Xenophon, Aristoteles 331, 335, vgl. 309, A. 202.
σοφίζεσθαι, σοφίη, bei Theognis II 320, A. 62.
σοφοί, σοφισταί zur Bezeichnung der sieben Weisen II 410, A. 1.

σωφροσύνη im Sinne Platons IV 448; A. 101.

Sophokles der ältere, Leben III 356 ff.; Quellen, Geburtsjahr 356, A. 1; Beteiligung am öffentlichen Leben 363; Familienverhältnisse, priesterliche Stellung 364; Charakter 366; in seinem persönlichen Verhältnis zu Euripides 366; Äufseres; Statue im Lateran 367; Tod 367 ff.; Grabschrift 273, A. 1; dichterische Thätigkeit: Dauer, Zahl seiner Siege, Zahl seiner Dramen, Epochen 371 ff.; im Urteile seiner Zeit 372; Charakteristik und Würdigung: Allgemeines, Stellung des Sophokles in der Entwicklung des Dramas III 272 f.; Wirkung auf die Zuschauer, Amphibolie 443 f.; religiöse Anschauungen, Schicksal und Schuld 444 f.; Orakelglaube, Gnomisches 446 f.; lyrische Kunst 117; Chor: Reformen III 217, 218 f.; 360 f.; Einflufs auf die Musik III 159, s. auch 160, A. 526; Zusammensetzung 447; Beziehungen zur Handlung 447; steigernde oder mäfsigende Wirkung 448; Subjektivismus, der Chor in schauspielerischer Funktion 449 f.; sein Chor mit Aischylos' und Euripides' Lyrik verglichen 450; Chorlieder nach ihrem poetischen Gehalt 450 f.; Dialog 451; Stoffgebiet 181; Konzentration, Auswahl des Stoffs, Durchführung der Handlung 452 f.; Kunstcharakter auch im Vergleich mit Aischylos 453 ff.; Behandlung des Sagenstoffs 455; freiere Form der Tetralogie 456, vgl. auch 230 ff.; die drei vorhandenen Tragödien des thebanischen Sagenkreises gehören keiner Trilogie an 466 ff.; Kunst der Charakterzeichnung 458 ff.; γλυκύτης, δριμύτης 463, vgl. A. 268 und 269; εὐκαιρία 464, A. 270; τόλμα A. 271; ποικιλία A. 272; Sophokles als Naturschilderer I 10, A. 7; dramaturgische Thätigkeit: Neuerungen III 164, 359 f.; führt den dritten Schauspieler ein 360; skenographische Verdienste 362; Neuerungen betreffend den tragischen Agon 362; Sophokles und die Orchestik III 164; bearbeitet seine Dramen mit Rücksicht auf seine Schauspieler III 90; — als Schauspieler III 82, 359, A. 14. nicht-dramatische schriftstellerische Thätigkeit III 443, A. 224; ἐπιγραμμάτιον II 176, A. 215; Paian auf Asklepios III 364; auch Prosaiker I 170, A. 35; Schrift über den Chor III 361, vgl. 218; Studium Homers und der Kykliker III 369 f.

Erhaltene Dramen:
Aias III 376 ff.: Titel A. 68; Ökonomie 376 f.; Vergleich mit Aischylos' Θρῇσσαι 377; Quellen 377 f.; Beurteilung, namentlich des Schlusses 378 ff.; Vermutungen über die ursprüngliche Form der Tragödie 381; Iophon als Fortsetzer 382; Beurteilung des ersten Teiles, namentlich der Gegengestaltung durch Sophokles 382 ff.; die Charaktere 384 f.; Inhalt 385 ff.; Scenenwechsel 387; altertümlich-strenger Kunstcharakter des Dramas 387 f.; Teukros als Fortsetzung des Aias 388; Stil 388 f.; Eurysakes als drittes Stück der Tetralogie (?) A. 103; Abfassungszeit der Zudichtung 389;

Ἀντιγόνη III 399 ff.: bewundert im Altertum wie in der Neuzeit 400; tragische Idee 400; Charakter der Antigone 400 ff.; des Kreon 402 f.; der Nebenfiguren 403 f.; die Schicksalsidee 404; der Chor 404 f.; der Schlufs 406; Mängel in der Durchführung, Benutzung von Herodot III 119, 406 f.; die Fabel selbständige Erfindung des Sophokles 408 f.; Anregung durch Aischylos' Eleusinier 409; der tragische Konflikt 410 ff.; zur Archäologie und Ethik des Bestattungsverbotes 410, A. 152; Zusammenhang mit der Bestattung von Themistokles (?) A. 156; Aufführungszeit 414; erhält den zweiten Preis 415; als Glied einer Tetralogie A. 161; Beziehungen auf die Zeitverhältnisse 415; durch Iophon wiederaufgeführt 416; Einflufs auf die dramatische Poesie 416 f.; vgl. auch 445; dem Sophron zugeschrieben I 255;

'Ηλέκτρα III 367;
Οἰδίπους ἐπὶ Κολωνῷ III 432 ff.: die letzte Tragödie des Dichters, ohne beabsichtigte Beziehung auf die Zeitverhältnisse 432 f.; Beurteilung in alter und neuerer Zeit 433 f.; Beziehungen zum König Oidipus 434; die Sage und ihre Gestaltung durch Sophokles 434 f., vgl. auch 179; im Vergleich zu Aischylos' und Euripides' Behandlung des Stoffs 434, A. 199; Parallele mit Aischylos' Eumeniden 435 f.; wehmütig-ergreifender Charakter des Stücks 436; Mängel in der Idee des Stücks 437 f.; Breite der Darstellung, sprachliche und metrische Form, Chor und melische Partien, Zahl der Personen 439 f.;
Οἰδίπους τύραννος III 417 ff.: Tragödie des Schicksalswechsels 417; von den älteren wie jüngeren Dramatikern bearbeitet 418; Vergleichung mit der epischen Gestaltung der Sage 418 f.; Inhalt 419 ff.; Titel des Stücks 421, A. 173; das dramatische Problem 421 f.; Aufführungszeit 422 f.; erhält den zweiten Preis 423 f.; Chor, Metrisches 424; vgl. auch 445; ohne Beziehung auf Perikles III 187; die Oidipodie keine Trilogie III 456 ff.;
Φιλοκτήτης III 424 ff.: Abfassungszeit 424; Charakter des Dramas 425; Quelle und Unterschied von Lesches 425; Behandlung des Stoffs durch Aischylos und Euripides 425 f.; Inhalt 426 ff.; Drama individualisierender Charakteristik 428 f.; Charakter des Philoktet 429 f.; des Neoptolemos 430 f.; des Odysseus 431; der Chor, Metrisches 432; vgl. auch 446;
Τραχίνιαι III 359 ff.: Inhalt 390; Komposition 390 f.; tragische Idee und ihre Träger Deianeira und Herakles 391; Urteil über Sophokles' Behandlung des Stoffs 392; der Schluß 392 f.; das Drama mit Unrecht Sophokles abgesprochen 393 ff.; nur die Schlußscene Zudichtung 394; andere Spuren diaskeuastischer Thätigkeit 394, auch A. 125; ursprüngliche Form des Schlusses A. 120; Charaktere: Deianeira, Herakles 396 ff.; Abfassungszeit, metrische Form und Stil 399.

Verlorene Dramen:
Ἀθάμας III 441, A. 212;
Αἰγεύς III 441;
Αἰχμαλωτίδες III 374, A. 64; 443, A. 223;
Ἀλεάδαι III 375, A. 67; 440, A. 211;
Ἀλήτης III 375, A. 67;
Ἀλκμαίων III 441;
Ἀμφιτρύων III 440;
Ἀνδρομέδα III 374, A. 64; 441;
Ἀντηνορίδαι III 443, A. 223;
Ἀτρεύς III 441, A. 217;
Ἀχαιῶν σύλλογος III 442, A. 221;
Δαίδαλος III 440;
Ἐπίγονοι III 441;
Ἐριφύλη III 441;
Εὐρυσάκης VII 443, A. 223;
Θαμύρας III 440;
Θησεύς III 441;
Θυέστης III 441, A. 217.
Ἴναχος III 374, A. 64; 441; A. 216;
Ἰόλαος III 522, A. 171;
Ἴων III 441, A. 218;
Καμίκιοι III 440, A. 210;
Κλυταιμνήστρα III 73;
Κολχίδες III 374, A. 64;
Κρέουσα III 375, A. 67; 441, A. 218;
Λήμνιαι III 441, A. 213;
Μελέαγρος III 440;
Μυσοί III 440;
Νιόβη III 440;
Νίπτρα III 429, A. 188;
Οἰκλῆς III 522, A. 171;
Οἰνόμαος III 441;
Ποιμένες III 374, A. 64;
Πολύιδος III 440;
Πρόκρις III 441;
Ῥιζοτόμοι III 441, A. 215; 493;
Σκύθαι III 441, A. 215;
Τήλεφος III 440, A. 211;
Τηρεύς III 375, A. 67; 441, A. 219;
Τριπτόλεμος III 440;
Τρωίλος III 374, A. 64;
Τυρώ III 371, A. 56;
Φαίδρα III 375, A. 67; 441;
Φινεύς III 441, A. 214;
Ὑδροφόροι III 374, A. 65;
Ὠρείθυια III 440.
Sophokles' Nachkommen in amtlichen Stellungen III 609, A. 37.
Sophokles der jüngere III 619.
Sophron IV 38 ff.: Zeit und Stellung

zu verwandten Kunstgattungen 38;
Wesen des Mimos 38 f.; prosaische
Form des Mimos, zur Lektüre be-
stimmt 39; Stoffe, mythologische,
historische Beziehungen, Harmlosig-
keit, sittlicher Ernst 40; Form und
Stil 41; Einfluſs und Verbreitung
(Platon) 41 f.; Überlieferung; Theo-
krits Beziehungen zu Sophron 42;
seine Mimen von Platon ans
Licht gebracht I 262; im alexan-
drinischen Kanon I 286; Sprüch-
wörtliches I 368.
Sortes Praenestinae I 202, A. 39.
Sosiades, Sammlung der Sprüche der
sieben Weisen II 414, A. 9 (sollte
A. 10 im Texte heifsen).
Sosibios Lacon, chronologische Arbeiten
I 277; über Alkman II 239, A. 128.
Sosibios, Tragiker IV 515.
Sosigenes' Ausgabe des Homer I 893,
A. 19.
Sosilos IV 519.
Sosipatros IV 236, A. 232.
Sosiphanes IV 515.
Sositheos III 243.
Sotades I 659.
Σώτειρα, im Kult der eleusinischen
Gottheiten III 11, A. 25.
Σωτήρια, Orphisch-mystisches Gedicht
II 92, A. 53.
Σωτήρια zu Delphi, Chöre mit be-
schränkter Mitgliederzahl II 508, A.
30; vgl. 509, A. 31.
Soteridas und Pamphila I 166; Kom-
mentar zum Menander IV 193, A. 64.
Sotion, διαδοχαὶ τῶν φιλοσόφων I
253; IV 519.
Sparta als litterarisches Centrum II
20; lyrischer Agon daselbst II 149;
geistiges Leben in der II. Periode
II 203 ff.
σπάξ s. ἑσπέριξ.
Spendon II 205, A. 9.
Speusippos, ὅροι IV 471, A. 158; —
in der Komödie des Epikrates IV
167, A. 183; — (Pseudo-), sein Brief
I 209.
Sphärentheorie IV 486.
Σφαῖρα des Musaios (?) II 79, A. 16.
Σφήκεια I 48, A. 34.
σφηνοπώγων III 99, A. 342.
σποράδην ᵃεἴδειν I 498, A. 48.
Spottlieder, ihr Alter I 943.
Spottnamen, litterarische, bei den
Alexandrinern IV 513.

Sprachphilosophie, ihre Anfänge IV 455.
Sprichwörter I 362 ff.; dorischen Ur-
sprungs I 365, A. 163; Einführungs-
form I 367; Sammlungen I 368; als
charakteristisch für das Hellenentum
I 28, A. 34; im Skolion II 161, A.
164; in der römischen Sprache I 367,
A. 170.
Sprüche im delphischen Tempel I 362.
Spruchpoesie volkstümlichen Charakters
I 353.
Spruchweisheit I 360 ff.; älteste auf
mythische Zeiten zurückgeführt I
1016, A. 119.
Staborakel I 201 f.
Stämme, hellenische, und ihre Wohn-
sitze I 52, A. 2.
Stammesentwicklung nach dem troja-
nischen Kriege I 309 f.
Stammesgliederung, hellenische I 13 ff.
Urteile über den Volks- und Stammes-
charakter bei Aristoteles und He-
rakleides Pontikos 14; bei Pseudo-
Dikaiarch 15; Aiolier 15 f.; Dorier
16 ff.; Ionier 19 ff.; Athener 21 ff.
Stammesmischung I 26 f.
Stammesunterschiede der Hellenen und
ihr historischer Ursprung I 53.
στάσιμον, woher der Name III 136,
A. 450.
Stasinos, Kypria II 45 ff.; Beziehungen
zu Il. *A* und *B* I 553, 557, 565; zu
Od ϑ I 557; über Aphrodite I
766.
Statisten III 87.
Statuen von Komödiendichtern im
Theater des Dionysos III 38 f., A. 121.
Stegreifdichtung in den Anfängen der
Tragödie III 253.
Stelenaufschrift von Eleusis, metrisch
I 385, A. 213.
στεφανίτης ἀγών zu Delphi II 148,
A. 133.
Stephanos, des Antiphon Sohn, Komi-
ker IV 145.
στεπτήριον III 3, A. 2.
Stesandros, Recitation der Ilias in
Delphi I 439, A. 46; 497.
Stesichoros II 287 ff.: Lebenszeit und
Heimat 287; Vater und Brüder 288,
A. 49; Tisias sein ursprünglicher
Name 289; Charakter im bürger-
lichen Leben; Schauplatz seiner
poetischen Thätigkeit 289; Erblin-
dung und Palinodie, Grabmal und
Bildnisse 290 f.; Chorgesänge 291 f.;

Paian, eigentliche Lieder 292, vgl.
II 115; sein Verhalten zum überlieferten Stoff 292 f.; Anlehnung an
Homer 293 f.; rhythmische Form
294 f.; Einfluſs auf die Nachfolger,
Dramatiker und bildende Kunst 295 f;
Verbreitung seiner Dichtungen 296;
Vorsmaſse II 137 f.; Dreigliederung des lyrischen Gedichts durch
den Strophenbau II 141; Dialekt
II 145; verwandtschaftlicher Zusammenhang mit Hesiod I 936; Übereinstimmung mit Hesiods Theogonie
I 972, A. 17; benutzt Hesiods Frauenkatalog I 1005, A. 91; — und die
Fabel vom Rofs I 370, A. 178; in
der Orestie von Xanthos abhängig
II 293.
Stesimbrotus, Historiker IV 317.
Stesimbrotos von Thasos und die Homerische Forschung I 264, 691.
Sthenelos III 610.
στιχῳδός = ῥαιψῳδός I 491, A. 26.
Stichomythie III 156 f.
Stier, als Preis im musischen Agon
II 505.
Stilpon IV 529.
στοιβαί Füllwörter III 109, A. 372.
στοίχοι des Chors s. ζυγά.
Stoiker, vorwiegend orientalisch-semitischer Abstammung I 163; ihre
Stellung zur Orphischen Poesie I
396.
Strabon über die griechischen Dialekte
I 52, A. 1.
Stratokles, Redner IV 409; in der
neueren Komödie IV 178.
Straton, Aristoteliker IV 478.
Straton, Komiker (Φοινικίδης) IV 235.
Stratonikos II 498, A. 1.
Strattis, Komiker IV 102, A. 166; 103,
106 f.
Streit um die Waffen des Achill I 622;
des Agamemnon und Achill in den
Kyprien II 47.
Streitwagen II 8; bei Theognis II 304,
A. 27.
Strophenform in der Dichtung der alten
Zeit I 384; des lyrischen Gedichts
II 139 ff.; des Dramas III 119; Forderung der Originalität in der
Form für die lyrische wie dramatische Dichtung I 169; III 119.
Strophentheorie, Versuch sie auf Homer anzuwenden I 517; auf Hesiod
I 990.
στροφεῖον III 43, A. 137.

Styx in Hesiods Theogonie I 986.
Substantiva auf τύς I 56, A. 13.
Suffixe I 121, A. 184.
Sühnegebräuche beim Morde (bei Arktinos) II 59, A. 80.
Suidas, als Quelle für verlorene
Schriften I 155, A. 18; als biographische Quelle I 291; als Quelle
für Aratos I 292, A. 46; in seinem
Verhältnis zu Athenaios I 294, A. 54;
zu Hesychios I 293 ff.; bibliographische Arbeiten I 275; über Epiker
I 293; über die Chronologie des
Thales I 301, A. 70; Kritiklosigkeit
I 294, A. 53 und 54; seine angeblichen Quellen I 155, A. 18.
Susarion III 8, 255; IV 43, A. 1.
Syagros I 406.
Sybaritische Erzählungen I 372.
συγγράψειν, συγγραψεύς, σύγγραμμα,
συγγραφή II 394, A. 29.
συγχορηγία II 503, A. 17.
σύμβολα der Pythagoreer II 434, A. 69.
συναυλία III 161, A. 529.
σύνδεσμος und ἄρθρον bei Pseudo-Aristot. ῥητ. πρ. Ἀλέξ. IV 376, A.
126.
συνέδρια der Pythagoreer II 431, A. 63.
Synkope in iambischen Strophen III
122, A. 409.
σύνταξις, als Abteilung eines Schriftwerkes I 229, A. 116.
Syrakosios' Antrag gegen die Freiheit
der Komödie IV 119; bei Phrynichos
IV 96.
Syrakus, Theater daselbst III 39, A. 125.
Syrianos IV 453, A. 113.
Syrische Übersetzungen griechischer
Werke I 155.
συσσιτικὸς νόμος der Aristoteliker IV
477, A. 174.
συστατικὸς νόμος s. συσσιτικὸς νόμ.

Tabula Iliaca I 913.
Tabula Veronensis I 913, A. 81.
τὰ ἐκ πλοίων I 220, A. 89.
Tafel, Homerische, im Louvre I 913.
Tamassus s. Tempsa.
Tanz im Drama III 161 ff.
Tanzlieder I 352; bei Homer I 325.
Tanzweisen, den verschiedenen Gattungen des Dramas angepaſst III 162.
Ταραντῖνοι = Pythagoreer IV 417,
A. 23.
Tartaros, in Hesiods Aspis als Hades
gedacht I 998.

Tat IV 573.
τε Copula und das Homerische τε I 114, A. 167.
τῇ δ' ἄπτερος ἔπλετο μῦθος I 722, A. 190.
Tegeatische Inschrift erinnert an den Homerischen Dialekt I 860, A. 159.
Teichoskopie I 569.
τεκταίνεσθαι ἀοιδήν I 388, A. 220.
Telauges, Pythagoreer II 441, A. 86; IV 416.
Τελχινιακὴ ἱστορία des Epimenides (?) II 391, A. 23.
Telegonie des Eugammon II 53 f.; setzt die abgeschlossene Odyssee voraus I 726; des Kinaithon I 726, A. 195; II 70.
τέλειος λόγος IV 575, A. 118; 578, A. 134.
Τηλεκλείδης, *Τελχινιακὴ ἱστορία* II 391, A. 23.
Telekleides, Komiker IV 61.
Telenikos II 544, A. 73.
Telephos von Pergamon, bibliographisches Handbuch I 276; über die Sprache Homers I 878, A. 10.
Telephos in den Kyprien II 47.
Teles oder *Telestis*, ὀρχηστής oder ὀρχηστοδιδάσκαλος des Aischylos III 163, A. 538.
Teles von Megara IV 529 f.
Telesikles II 182.
Telesilla II 381.
Telesis, Titanomachie II 36, A. 16.
τελετή des Dionysos, der Demeter II 91, A. 47.
Tellis II 182, A. 9 (nicht 10, wie im Texte steht).
Temesa in der Odyssee = Tempsa I 789.
Tempel als Aufbewahrungsort für Schriftwerke I 214.
Tempora in der Atthis II 473, A. 24.
Terentius (Adelphen, Andria) und seine griechischen Vorbilder, Contamination IV 184, A. 31; 186, A. 35, 36, 37; 227, A. 197.
Terpandros II 208 ff.; Rhapsode und Erneuerer der nomischen Poesie 208, vgl. 116, 164; Berufung nach Sparta 208 f.; stiftet den musischen Agon an den Karneen 209; Zeitbestimmung 209, A. 25; Gliederung des Nomos 211 f., vgl. I 749; Wesen des Nomos 213 ff.; Terpandros angeblich Verfasser von Prooimien 213, A. 32; metrische Form, Stil 214 f., vgl. 136; Vortragsweise und Begleitung, Tonweisen 215; acht oder sieben Nomen des Terpandros, teilweise auf Philammon zurückgeführt, Stoff und Bezeichnung seiner Gedichte 216; weltliche Lieder 216 f.; Skolion auf Terpandros zurückgeführt 217; — als Rhapsode I 489; setzt die Homerischen Rhapsodien in Musik I 435, 437; dichtet Prooimien zum Vortrage der Homerischen Gedichte I 745; vorbildlich für die sogenannten Homerischen Hymnen I 752; — und hymn. in Ap. I 754; — und die Orphische Poesie II 83; als Sieger im delphischen Agon II 148; Dialekt II 144; seine Schule II 217 ff.
τετράδι γέγονας (Sprw.) IV 98, A. 151.
τετράγωνον σχῆμα III 78, A. 272.
Tetralogien III 222 ff.; ohne inneren Zusammenhang III 227; eingeführt Ol. 75, 4 III 230; wie verzeichnet in den Didaskalien III 65, A. 222; bei Sophokles und seinen Zeitgenossen III 231; bei den jüngeren Tragikern III 232.
Tetralogien Platonischer Dialoge IV 435 f.
Τέττιξ IV 7, A. 21.
Teuthranien s. mysischer Kriegszug.
τεῦχος, Pergamenthandschrift als Buch I 230, A. 119.
Textkritik im Altertum I 237.
Textkritik, neuere, Fehler und Richtungen I 240.
Textverderbnis im Altertum I 237; 250 ff.
Thales von Milet II 415 ff.; Chronologisches I 301, A. 70; als Prosaiker II 391; — und der Dreifuſs II 415, A. 13.
Thaletas II 222, 224 f.; Persönliches 224; Berufung nach Sparta, Einführung der Gymnopädien 225; Gymnopädien und Siegesfeier von Tyrin über Argos 226; Paiane 227; Charakter, Wirkung, metrische Form 227 f., vgl. 137; instrumentale Begleitung 228 f.
Thaliarchis II 152, A. 144.
Thamyras I 403 ff.; Titanomachie 404, A. 265; 405; Theogonie, Kosmogonie 404, A. 265.
Thasos, Namensverzeichnis der θεω-

ροί I 39, 192, A. 17; Gratienkultus
I 12, A. 10.
Theagenes von Megara II 305.
Theagenes aus Rhegion und die Homerische Forschung I 264, 889 f.; 891.
Theatergebäude, namentlich zu Athen, Grundform III 33 ff.; 37 f.; Schutz gegen die Witterung, bildlicher Schmuck III 38; steinerne in Peiraieus, Salamis, Aixone, Thorikos, Eleusis III 22; Epidauros, Syrakus III 39, A. 125; erstes steinernes in Athen III 35; Lage desselben III 35; Restauration durch Lykurg, Umbau in römischer Zeit III 36; Bühne und Bühnenausstattung III 40 ff. (s. auch die hierhergehörigen Begriffe im einzelnen im Register); Sitzplätze, Verteilung III 46 f.; für Priesterinnen III 49, A. 164; Zahl der Plätze III 48 f.
Theatergeld III 20; Neueinführung desselben III 245.
Theaterordnung III 31, A. 93.
Theaterpächter III 36, 47.
Theaterpublikum und sein Urteil III 58, A. 200; ob auch Frauen und Kinder dazu gehörten III 49.
Theatervorhang III 145.
Θέατρον παναθηναικόν s. Odeum.
Θεατρώνης s. Theaterpächter.
Θεατροπώλης s. Theaterpächter.
Θεατροτορύνη III 50, A. 166.
Thebais des epischen Kyklos II 40.
Θήκαις κυκλική II 28, A. 2.
Thebanischer Sagenkreis I 426; im vorhomerischen Liede I 348; im epischen Kyklos II 38.
Theben (und Argos) als Hauptstaaten des älteren Griechenlands I 310; vorübergehende Hegemonie II 467.
Theben in Ägypten in den Homerischen Gedichten I 471.
Θεῖος ἀοιδός I 428, A. 9.
Θηλεῖδαι II 415, A. 11.
Θέμις, als v. pr. für den Orakelspruch I 333.
Themistagoras' χρυσῆ βίβλος I 223.
Themistios IV 579.
Theodektes, Schüler des Isokrates; als Redner IV 373; als Tragiker III 620; Sprüchwörter in seinen Dramen I 367.
Themistokleia I 333, A. 50.
Theodorides, Pythagoreer IV 415, A. 14.

Theodoros aus Byzanz, Sophist IV 342; als Verfasser der Rede gegen Andokides (?) IV 357.
Theodoros, Künstler der Homerischen Bildercyklen (tabula Iliaca etc.) I 913.
Theodoros, Schauspieler III 88, A. 304.
Theognetos, Komiker, Φάσμα ἢ Φιλάργυρος IV 221, A. 170.
Theognetos aus Thessalien, Orphiker II 88.
Θεόγνια = ἀνθεστήρια III 26, A. 77.
Theognis II 302 ff.: Lebenszeit und Vaterland 303, vgl. 300, A. 69; politische Verhältnisse in seiner Vaterstadt 305 f.; Gegner des Demos I 176: Auswanderung und Heimkehr 306 f.; γνῶμαι 308 ff.; παιδικά 314 f.; Entstehungszeit der Gnomologie 315 f.; Zweck und Verwertung 317; Überlieferung 317; neuere Kritik und Zahlentheorie 318; Elegien an Kyrnos 319 ff.; Zweck und Entstehung der Sammlung 321; allgemeine Charakteristik 322 ff.; Wirkung, Stil, sprachliche Form, Versbau 324 f.; Dorismen I 84, A. 87; Wertschätzung im Altertum 325 f.: von Tyrtaios beeinflufst II 258; — und die Tierfabel I 370; die unter seinem Namen überlieferte Sammlung eine Blütenlese aus älteren Elegikern I 252.
Theugnis, Tragiker III 610.
Θεογονία, verschiedene Gedichte des Namens aus dem Orphischen Kreise II 93, A. 59.
Theogonie des Epimenides II 77, des Musaios II 80; Orphische, Platonische I 393, A. 230.
Theogonische Dichtung nach Hesiod I 974, A. 20; dem griechischen Mutterlande eigentümlich I 1000.
Θεοκλώ II 12, A. 19.
Theoklymenos in der Odyssee I 696, beim Diaskeuasten I 704, 705, 707, A. 137; 716.
Theokrines, Rede gegen ihn, fälschlich dem Deinarchos zugeschrieben IV 407 f., vgl. Demosthenes.
Theokritos, Dialekt II 144, vgl. I 50, A. 61; Hymnos auf die Dioskuren I 749; Sprüchwörtliches I 365; ästhetisch-kritisierend I 267; im Urteil der Alexandriner I 287; — und Sophron IV 39, A. 67 vgl. 42, A. 81.

Θεολογεῖον III 43, A. 137.
Theologisches Epos II 74 ff.
Θεολογούμενα τῆς ἀριθμητικῆς, — ἀριθμητικά IV 569, A. 97.
Theon von Alexandria, Rhetor IV 559.
Theon, Kommentar zum Eukleides IV 523, A. 36.
Theophilos aus Antiochia, Apologet IV 552.
Theophilos, Komiker IV 168.
Theophrastos τῶν μετὰ τὰ φυσικά IV 501 f.; περὶ αἰσθήσεως καὶ αἰσθητῶν 502; περὶ πυρός, περὶ ἀνέμων, περὶ ὀσμῶν, περὶ σημείων κτλ. 502 f.; περὶ λίθων, περὶ νόμων, περὶ συμβολαίων 504; φυσικῶν δόξαι 504 f., vgl. I 271; χαρακτῆρες 505; περὶ μελαγχολίας 502, A. 271; περὶ κόπων, Πλίγγων, ἰδρώτων, ἰχθύων 504, A. 275; τῶν περὶ τὸ θεῖον ἱστορίαι s. Eudemos; — und Demokritos, Μέγας κόσμος I 255; — und Aristoteles' litterarische Hinterlassenschaft IV 477 f.; — und Aristoteles' Οἰκονομικός IV 495; als Fortsetzer von Aristoteles' Νῖκαι IV 498; über die Dichtkunst I 271; seine Bibliothek IV 478, A. 177.
Theopompos, Historiker IV 324 f.; als Schüler des Isokrates IV 322, 373; zu seinen Historien I 149; zu seinem Auszug aus Herodot IV 251; zu seinen Φιλιππικά I 152, A. 15, IV 325; Τριχάρανος oder Τριπολιτικός ihm von Anaximenes untergeschoben I 223, 245; gegen Platon I 169, A. 33.
Theopompos, Komiker IV 105 f.
θεωρικόν III 24, A. 72.
Theorikon s. Eintrittsgeld.
θεὸς ἀπὸ μηχανῆς III 42, A. 137.
Theoxenides (Hyperontides) II 537, A. 41.
Thera, Hekatekultus I 984.
Theramenes als Redner IV 359.
Thersandros, warum nicht im Schiffskatalog erwähnt I 564, A. 29; in den Kyprien II 47.
Thersites, als Vormund Homers I 476, A. 71; — und die kalydonische Jagd I 812, A. 58.
Θησαυρός, Titel mehrerer Komödien der neueren griechischen Komödie IV 185, A. 32.
Theseis II 72.

Thespiai, patriotische Gesinnung I 915, A. 1; Sitz des Musendienstes I 917; musischer Agon daselbst gelegentlich der Μουσεῖα und Ἐρωτίδια II 207, A. 18.
θέσπις ἀοιδή I 428, A. 9; 430, A. 19.
Thespis III 8, 255 ff.; Dramen nichtdionysischen Kreises III 259; — und der Prolog III 80; Tragödien als Fälschungen des Herakl. Pont. I 245.
Thesprotis des Musaios II 79.
Thessalien, geographische Charakteristik, als älteste Stätte hellenischer Kultur I 310 f.; als Wiege des hellenischen Religionssystems I 311, 317 f.; als Sitz des Aberglaubens und der Zauberei I 311.
Thessalier gelten als Barbaren I 37.
Thestorides als Verfasser der kleinen Ilias II 50.
Thetis in der Ilias I 622.
Thimbron und Xenophon IV 294, 295, A. 163.
θνήσκω, Formen des Simplex oder Kompositums von verschiedenen Dichtern verschieden gebraucht I 108, A. 154.
Thoas bei Hom. Il. Δ 527 I 573, A. 52; als Gefährte des Odysseus bei Hom. Od. ξ 499 I 702.
Thot IV 571 ff.
Thraker I 38; ihr Einfluſs auf die hieratische Poesie I 321 f.
Thrasyalkes von Thasos II 417, A. 20.
Thrasybulos von Kollytos in der Rede des Lysias gegen Euandros IV 359.
Thrasybulos von Syrakus IV 21.
Thrasyllos' Einleitung in die Schriften Demokrits I 279, A. 29; Tetralogieneinteilung der Platonischen Dialoge IV 436.
Thrasymachos aus Chalkedon, Sophist IV 342; ὑπερβάλλοντες λόγοι I 223, A. 98.
Θρίαι I 334, A. 54.
Thrinakia in der Odyssee I 789.
Θρονισμοὶ μητρῷοι des Nikias (?) II 92, A. 52.
Thukydides, Historiker IV 280 ff.: Biographisches, Einfluſs des Anaxagoras und Antiphon 280 f.; Thukydides unter dem Einfluſs seiner Zeit, Thukydides und Herodot 281 f.; vgl. IV 251; als Feldherr, Verbannung 282; Rückkehr, Tod, Grab 283; Entstehung des Geschichts-

werkes (VIII. B, vgl. 290) 283 f. Xenophon als Herausgeber, Text, Einteilung in Bücher 254 f, vgl. I 227; Scholien, Nachahmungen (Prokop), Beschränkung des Stoffs, Objektivität, Episoden, chronologischer Gang der Erzählung 285; Reden 286 f.; Aktenstücke, Citate 287; politisches Urteil I 176; Unparteilichkeit, religiöse Anschauungen IV 287 f.; Polemik I 269 f.; Beobachtungsgabe IV 288 f.; Bestimmung, Charakteristik des Volks und der Person 289 f.; Stil, Eigennamen, Figuren, sprachliche Eigentümlichkeit, Poetisches 291 f.; ἅπαξ λεγόμενα, Wortstellung, Satzbau 292; — Mundart I 74; ζηλωτής Ὁμήρου bei Markellinos vit. Thuc. 35 ff. I 852, A. 18; sein Werk ursprünglich ohne Titel I 222; über Hellenen und Barbaren I 34, A. 4; — und der Mauerbau in der Ilias I 586, A. 100.

Thurioi und das griechische Alphabet I 193.

Thuros I 371, A. 184.

Θυμέλη III 33, A. 103.

Thymoites, Φρυγία ποίησις II 98, A. 76.

Tiberius, Kaiser, Revision der sibyllinischen Weissagungen I 346, A. 100.

Tiberius, Sophist, über Herodot IV 252, A. 48.

tibia dextra, sinistra I 386, A. 216.

tibicen in den Didaskalien des Terenz = Komponist III 157, A. 514.

Tiere, im goldenen Zeitalter mit menschlicher Stimme begabt I 370.

Tierfabel I 369 ff.; in der Volks- und Gerichtsrede I 370; ihrem Ursprunge nach in verschiedene Klassen zu teilen und ob gemeinsamer Besitz stammesverwandter Völker I 371; bei Hesiod W. und T. I 949 f.; im Skolion II 161, A. 164; in der Komödie I 370.

Tiernamen, Übereinstimmung der griechischen und lateinischen Anschauung I 228, A. 207; —, verschiedene, das Tier verschieden charakterisierend I 228, A. 208.

Tiersage, in ihrem Verhältnis zur Batrachomyomachie I 773.

Timadridas, Kommentar zu Menandros' Κόλαξ IV 193, A. 64.

Timaios, Historiker (Ἐπιτίμαιος), Polemik I 269; — und die Komödie IV 178, A. 15 und 17; über Philistos IV 320, A. 237.

Timaios von Lokris, Pythagoreer IV 418.

Timaios, Sophista, Platonisches Glossar IV 563.

Timarchos, Redner IV 400; — und Aischines IV 402 f.

Timarchos, Rhetor, litterarische Fälschungen I 244.

Timogenes, Paraphrase der Ilias I 911, A. 74.

Timokles aus Syrakus, Orphiker II 88.

Timokles, Komiker IV 163 f.: Πορφύρα 163, A. 160; Φιλοδικαστής ebenda A. 161; Ἥρωες, Δήλιος 164, A. 162; Κένταυρος ἢ Δεξάμενος, Ὀρεσταυτοκλείδης, Δημοσάτυροι, Ἰκάριοι Σάτυροι, Σαπφώ 164, A. 163; Πολυπράγμων, Ἐπιχαιρέκακος, Φιλοδικαστής ebenda A. 164; Μαραθώνιοι, Καύνιοι, Αἰγύπτιοι 164; Δρακόντιον 164, A. 166; — und der Harpalische Prozeſs IV 137.

Timokrates aus Argos und Euripides III 486.

Timokrates, Stoiker IV 556.

Timokrates s. Demokrates.

Timolaos' Interpolation des Homer I 689.

Timon in der mittleren Komödie IV 132.

Timostratos, Komiker IV 236, A. 231 und 232.

Timotheos, Isokrates' Zögling IV 362.

Timotheos von Milet, Meliker II 539 ff.; — und der Nomos II 164 ff.; sein Nomos „die Perser" II 469; Einfluſs auf die dramatische Musik III 160.

τί οὐκ ἀπήγξω κτλ. (Sprichwort) I 948, A. 18.

Tisandros IV 447, A. 97.

Tisias, der ursprüngliche Name des Stesichoros II 289.

Tisias, Lehrer der Rhetorik IV 329; τέχνη, eine litterarische Fälschung I 244.

Timokreon von Rhodos, Dialekt II 144; scherzhaftes Epigramm II 176; — und Simonides von Keos II 370, A. 131.

Titanomachie, älteres Gedicht als Quelle für Hesiod I 993; — des epischen Kyklos II 36; — des Eumelos II 69.

Titel epischer Gedichte mit äolisch-verkürzter Endsilbe I 462, A. 45; von Dramen, bisweilen verändert III 65; gleichnamige für verschiedene Dramen III 66.
Tlepolemos, Schauspieler III 90, A. 311.
Tlepolemos und der Schiffskatalog I 559.
τμήματα I 230, A. 117; 233, A. 126.
Tod, Leben nach dem Tode, Homers Anschauungen darüber I 802 f.
τόμος als bibliographische Bezeichnung I 230, A. 119.
Tonarten, dorische, ionische, phrygische III 159 und A. 523—525.
τὸν ἥττω λόγον κρείττω ποιεῖν IV 339, A. 36.
Tonmalerei in der jüngeren Lyrik II 532, A. 19.
Tonweisen II 120 f.; von Olympos eingeführt II 127.
τόρονος mundartlich = τόρνος I 54, A. 5.
Totenklage I 350; Vortragsweise II 134.
Tragiker, die drei, im Urteil ihrer Zeit und des Altertums überhaupt III 246; — und die Tierfabel I 370; im alexandrinischen Kanon I 286; — und Komiker, in ihrem Berufe geschieden III 55.
Tragische Chöre für die städtischen Dionysien bestimmt III 19.
Tragische Dichtkunst, allgemeine Charakteristik III 248 ff.; Periodisierung III 248.
Tragische Stoffe meist dem Mythos entnommen III 178.
τραγῳδία, so genannt nach der Maske des aus Satyrn (τράγοι) bestehenden Chores III 13 und A. 32 und 33; zur Bezeichnung des ernsten Dramas III 259.
Tragödie, allgemeine Charakteristik III 175 ff.; Wirkung auf die Komödie 176, auf die Beredsamkeit und bildende Kunst 177 f.; Beziehungen auf ihre Zeit 187 ff.; ihre Anfänge III 252 ff.; — und Dithyrambos getrennt III 8; in ihrer Form früher als die Komödie gefestigt III 19; Gliederung während der Blütezeit III 271 ff.; an den Lenaien nicht vor Ol. 90, 4 nachweisbar III 20 vgl. A. 55; —, neue, an den grofsen Dionysien aufgeführt III 63; — desselben Stoffgebiets von verschiedenen Dichtern III 192; Umfang derselben mit Rücksicht auf die Dauer der Aufführung III 24 und A. 74.
τραγῳδοδιδάσκαλος, τραγῳδιοποιός, τραγῳδός III 52, A. 175.
Tremiler s. Lykier.
Treue, in der Odyssee verherrlicht I 804 f., 824 f.
τρίγωνον als Kunstform des Epigramms I 779, A. 99.
Trigonon, Saiteninstrument II 123, 124.
Trilogien Platonischer Dialoge IV 435 f.
Τριμελής (νόμος) II 219, A. 56; 221, A. 64.
τρίποδες ἐν Διονύσου, ἐν Πυθίῳ II 506, A. 26 und 27.
Tritagonist III 87.
τρίτος ἄνθρωπος in Platons Parmenides IV 467.
Trochäische Langverse und Trimeter in der mittleren Komödie IV 143; — Tetrameter III 111.
Troerkatalog in der Ilias I 565.
Trojanischer Krieg, erste nationale That der Hellenen I 309; jüngste Schöpfung der Sage I 425.
Τρωικός (πίναξ) I 913, A. 79.
Τρώων διάκοσμος I 566, A. 37.
τρόπος διθυραμβικός, νομικός, τραγικός II 163, A. 173.
τρυγῳδοποιομουσική III 52, A. 175.
τρυγῳδία III 7, A. 14; 10, s. auch A. 19.
Tryphiodoros' Ὀδύσσεια λειπογράμματος I 889, A. 10.
Tryphon und das Digamma I 857, A. 150.
Turnier (ὁπλομαχία), ob schon vor Homer üblich I 644, A. 322.
Turpilius und seine griechischen Vorbilder IV 184, A. 31.
Τυχίος in Νέον τεῖχος I 476, A. 71; 512, A. 60.
Tynnichos II 152, A. 145; II 378; III 270, A. 66; 341, A. 162.
Tyrannion der ältere, seine Bibliothek I 217; — und Aristoteles' litterarischer Nachlafs IV 450, 482.
Tyrannion der jüngere I 905.
Tyrannis in der politischen Entwicklung II 6; — und die Litteratur II 20.
Τύραννα I 165, A. 25.

Tyrtaios II 244 f.: Herkunft, Berufung nach Sparta 244 f.; Chronologisches 246 f., vgl. I 300, A. 69; seine politische Thätigkeit in Sparta 247 f.; Eunomia 248 ff.; die übrigen Elegien 250 ff.; allgemeine Charakteristik 251; erste Elegie 251 f.; zweite Elegie 252; dritte Elegie 253; Marschlieder (ἐμβατήρια) 253; Metrisches 254, A. 23, vgl. II 137; Tyrtaios' Lieder als Kriegslieder von Bedeutung 254 f., vgl. II 223; Komposition und Stil 256 f.; Geltung und Wirkung im Altertum 257 f.; Statue in der Villa Borghese 258, A. 34; Mundart I 84, A. 87; 85, A. 88; — γραμμάτων διδάσκαλος I 204; Elegien unter Theognis' Namen überliefert II 310.

Tsetzes, Kommentar zur Ilias I 911; über die Redaktion des Peisistratos I 503, A. 58; über das Zeitalter Homers und Hesiods I 932, A. 33; zur kleinen Ilias II 50, A. 57; — und der alexandrinische Kanon I 284, A. 38.

Überarbeitungen dramatischer Dichtungen III 69 f.
Unechte Schriften stehen am Schlufs der πίνακες I 254, A. 172.
Urgeschichte der Hellenen I 308 f.
Urkunden, staatsrechtliche, als älteste Denkmäler der Prosa II 386.
Urteil des Paris, in der Ilias I 579, 642.

Vase von Ruvo (Mus. Borbon.[nazion.], Wieseler Theaterg. VI 2) II 534, A. 30.
Velleius über das Zeitalter des Homer und Hesiod I 936, A. 39.
Verbale auf τέον gehört der jüngeren Zeit an I 105, vgl. A. 149.
Verdoppelung der Liquidae und Mutae nach metrischem Bedürfnis bei Homer I 666 ff.; in Inschriften unterlassen I 867, A. 179.
Verfassung in Homerischer Zeit I 415.
Vergil, Widersprüche in der Aeneide I 539; als Nachahmer Homers I 884.
Verginius Rufus und Niketes IV 546.
Verkehr in Griechenland, frühzeitig entwickelt, sein Einflufs auf das geistige Leben I 8.
Verkürzung des Bindevokals in den Homerischen Konjunktiven I 866, A. 177.

Versmafse in den lyrischen Partien des Dramas: daktylische, anapästische III 120; trochaeische, iambische 121; iambisch-trochaeische 123; choriambische, ionische, enkomiologische Rhythmen 123; Daktylen und Anapästen mit Iamben und Trochäen verbunden 124; Logaöden 124; kretische, bacchische Dochmien 125; — werden den Stimmungen und Gedanken angepafst III 119.
versus longus I 383, A. 208.
Verwickelung, dramatische III 211 f.
Verzeichnisse der Werke eines Schriftstellers, ihre Anordnung I 254, A. 172.
Vestinus, Auszug aus Pamphilos IV 560.
Vierzahl der Götternamen in der hieratischen Poesie I 328.,
Virgilius (Plin. ep. VI 21) IV 110, A. 198.
Virtuosentum in der Schauspielkunst III 245.
Vokale im griechischen Alphabet I 185 f. und 190 f.
Volkslied I 347 ff.; weltliches II 114 f.; Dialekt II 144, A. 126.
Volks- und Kunstdichtung in ihrem gegenseitigen Verhältnis I 354; für die griechische Litteratur nicht zu trennen I 527.
Volkstümliches im Homerischen Ausdruck I 860.
Volksversammlung nach den grofsen Dionysien im Theater und Bedeutung derselben III 32.
Volnius (Volumnius?) III 173.
Vorhomerische Dichter I 390 ff.; Epiker I 404 ff.
Vorhomerische Dichtung I 307 ff.; — Epik, warum spurlos untergegangen I 418.
Vortrag epischer Gedichte I 432 ff.; wann und wo zuerst ohne Lautenspiel I 439.
Vorträge, von Schülern nachgeschrieben, als Quelle angeblich echter Werke von Philosophen und Grammatikern I 252.
Vorsänger des Chors s. ἐξάρχων.

Wächterlieder I 353.
Waffentanz vor und bei Homer, in Thessalien I 326.

Wagen des Dichters (Musenwagen) I 359.
Wechselgesänge, verschiedene Formen im ἀγών Ὁμήρου κτλ. II 64, A. 94.
Wegweiser mit Epigrammen II 175.
Weissager I 340 f.
Weissagung aus Losen I 334.
Weltalter bei Hesiod I 946.
Weltkämpfe, poetische I 361; im Zeitalter des Epos I 429.
Wiegenlieder I 352.
Winde und Windtafel in περὶ σημείων κτλ. IV 502, A. 273.
Wohnsitze, ursprüngliche, der griechischen Stämme vor der Ansiedlung in Griechenland I 53.
Wolf, Fr. A. und die Homerische Frage I 512 ff.; seine Ansicht über das Alter der Schrift I 195 f.; seine Vorgänger 512, A. 1; im Urteile seiner Zeitgenossen I 513 f.; seine Ansicht über die Einheitlichkeit der Odyssee I 517.
Wood über den Ursprung Homers I 450.

Xanthes, nicht Xanthos, Herr des Aisop I 374, A. 192.
Xanthos aus Sardes. Logograph IV 240; über Mundarten I 58, A. 19; Λυδιακά s. auch Menippos.
Xanthos, Harpyienmonument daselbst I 50.
Xenarchos, Komiker IV 168.
Xenarchos, Mimograph IV 42.
Xenarchos, Peripatetiker, gegen Aristoteles περὶ οὐρανοῦ IV 456.
Xenodamos II 229.
Xenokles III 611.
Xenokritos II 229 f. 287.
Xenon als Chorizont I 511, 896, A. 27.
Xenophanes II 417 ff.: περὶ φύσιος 422; Parodien 422, vgl. 330; Elegien 423; κτίσις Κολοφῶνος, ἀποικισμὸς εἰς Ἐλέαν 424, vgl. 70 f.; 383; Verbreitung seiner Philosophie IV 410; das ἕν bei Aristoteles de Melisso IV 493, A. 228; von Tyrtaios beeinflusst II 258; Ansicht über das Zeitalter des Homer und Hesiod I 933, A. 34; über die Homerischen Götter I 890; Stellung zu Hesiods Theogonie I 973; Polemik gegen den Volksglauben II 17; über die Wirkung Homers I 875, A. 4.

Xenophon IV 292 ff.: Biographisches, Lehrer 292 f.; Teilnahme am Zuge der Zehntausend 293 f.; Verbannung, in Skillus und Korinth 294 ff.; Aufhebung der Verbannung, wieder in Athen, Tod 296 f.; schriftstellerische Thätigkeit, Pseudonymität 297 f.; Anabasis 298 ff., verglichen mit Cäsars Kommentarien 301 ff.; unter Themistogenes' Namen herausgegeben I 246, zum zweiten Male herausgegeben I 252; Hellenika IV 302, nicht in der ursprünglichen Form überliefert I 252; Agesilaos IV 302; Memorabilien IV 302 ff., nicht in der ursprünglichen Form überliefert I 252; Apologie, Oikonomikos, Symposion, Hieron IV 305; Kyropädie 306 ff.; Beziehungen zu Platons Politeia 463 f.; Κυνηγητικός 309; Ἱππαρχικός, περὶ ἱππικῆς 309 f.; πόροι ἢ περὶ προσόδων 310 ff.; Beziehungen zu Eubulos 311; Ἀθηναίων πολιτεία 312, vgl. 238 f., 313 und I 249 f.; περὶ πολιτείας Λακεδαιμονίων II 312; Gesamtausgabe durch Diodorus, enthält Zusätze und fügt Ἀθην. πολιτ. ein 312 f.; Charakteristik 314; aristokratisch-monarchische Neigung, Religiosität 315; Stil 315; Metaphern I 129, A. 209; Dorismus I 176; Form seiner Dialoge IV 434; seine Werke in Bücher geteilt I 227; als Verfasser von Platons Alkibiades II IV 469.
Xenophron aus Sicilien IV 546, A. 23.
Xuthos s. Ion.

Y mit I verwechselt I 115, A. 169, 116, A. 171.
Y und O, Wechsel, im kyprischen Dialekt I 854, A. 143.
—υμι und —υω in der Atthis II 475, A. 28.
ὕμνοι κλητικοί I 327, A. 34.
ὕμνος, Begriff, II 172 f.; als Bezeichnung der diesen Namen führenden Homerischen Dichtung I 744; — Πυθαγόρειος II 441, A. 86.
ὑπατοειδὴς τρόπος II 530, A. 11.
ὑποβολὴ ἀνταποδόσεως I 499, A. 50, vgl. 493, A. 33.
ὑποδιδάσκαλος III 54.
ὑποδωριστί III 158, A. 521.

ὑποϑῆκαι, allgemeine Bezeichnung für parainetische Dichtungen II 250, A. 15.
ὑποκρίνεσϑαι, ὑποκριτής III 82, A. 286.
ὑπομνήματα βασιλικά IV 519, A. 22.
ὑποψρυγιστί III 158, A. 521.
ὑπόρχημα III 138, A. 452.

Zagreus-Orpheus I 396.
Zaleukos' Gesetze II 386; schriftlich aufgezeichnet I 195, A. 29.
Zehntausend, Zug der, historische Bedeutung IV 299 f.
Zamolxis I 358, A. 142.
Zauberlieder und Zauberformeln I 357 ff.
Zeilen, Ein- und Ausrücken I 234, A. 133.
Zeilenzählung I 230 f.
Zenon, Stoiker, durch die Lektüre Platons zur Philosophie geführt IV 432, A. 62.
Zenodoros, περὶ τῆς Ὁμήρου συνηϑείας I 912, A. 76.
Zenodotos, Kritik und Textrevision Homers I 895 f.; 900 f.

Ζεὺς ἀγήτωρ I 325, A. 26; Κάριος I 44, A. 23; Στράτιος I 44, A. 23; χρυσαορεύς, Λαβραυνδηνός I 44, A. 23.
Zeus, vom Dichter angerufen I 747.
Zeusbild des Kypselos II 23.
Zinntafeln als Schreibmaterial I 207.
Zischlaute im griechischen Alphabet I 187 f.
Zoilos' Ὁμηρομάστιξ I 691 f., vgl. A. 15; IV 352 und A. 62; gegen Isokrates IV 371, A. 120.
Zonaras benutzt den Cassius Dio IV 543.
Zopyrion und Pamphilos' λέξεις IV 560, A. 74.
Zopyros von Herakleia als Homeriker I 503; als Orphiker II 86 f.; Κορυβαντικός, Πέπλος, Δίκτυον, Κρατὴρ II 91 f.; — und das Digamma I 857, A. 150.
Zoroaster in der Platonischen Philosophie IV 429, A. 52; in den Schriften der Gnostiker IV 568.
Zotikos über Antimachos II 485, A. 34.
Zwölfgöttersystem I 762, A. 49.
ζυγά und στοῖχοι des Chors III 77, A. 271.

STELLENREGISTER.

Ailianos
V. H. II 13   III 22, A. 64
„ „ XIII 22   I 880, A. 13
(bei Suid. s. v. Φιλήμων)
         IV 216, A. 158
Aischines de fals. legat. 106
         I 120, A. 160
Aischylos
Agamem. 170   III 325, A. 128
Pers. 91   III 598, A. 390
Prom. vinct.1027   III 322, A. 117
Sept. 592   III 292, A. 47
  „ 1008   III 411, A. 153
Frgm. 69 Di. (Nck. ed. sec. fr. 75)
         III 522, A. 171
Frgm. 160 Di. (Nck. ed. sec. fr. 156)
         III 192, A. 33
Sept. Argum.   IV 499, A. 255;
         500, A. 259
Alex. Aphrodis.
795   III 378, A. 72
Alkaios
fr. 55 (Bgk. P. L. Gr. ed. IV, III 171)
         II 280, A. 25
Alkman
fr. 23 (Bgk. P. L. Gr. ed. IV, III 23 ff.)
         I 234, A. 133; II 235
fr. 29 („   III 48)
         I 674, A. 51
fr. 31 („   III 48)
         I 674, A. 50
Anacreontea
XIII 21 (Anth. lyr. ed. IV)
         II 356, A. 90
Anaxandrides s. Athenaios IV 131
Andronikos
περὶ κωμῳδ. X   III 144, A. 478
Anecdota (Bekker)
I 85   IV 40, A. 71
Anecdota Oxon.
IV 315   III 416, A. 165

Anthol. Pal.
III 146   IV 29, A. 2
VII 410   III 59, A. 203
IX 26   II 152, A. 144
IX 63   II 131, A. 85
IX 64   I 938, A. 42
IX 358   IV 453, A. 113
IX 512   I 236, A. 142
IX 524. 525   I 328, A. 37
XIII 29   IV 52, A. 27
Apollod. Bibl. III 10   I 763, A. 50
Archilochos
fr. 35 (Bgk. P. L. G. ed. IV, II 392)
         II 184, A. 32
fr. 76, 77 (Bgk. P. L. G. ed. IV, II 404)
         II 189, A. 32
Aristid. Soph. II 497
         II 558, I 750, A. 25
Aristophanes
Acharn. 398   III 596, A. 383
  „ 507—508   III 47, A. 155
Anag. fr. 18 (M. II 2, 964)
         IV 109, A. 197
Av. 575   I 751, A. 26
 „ 786 ff.   III 32, A. 94
 „ 1611   II 475, A. 29
Eccles. 571   IV 463, A. 135
  „ 1146   III 49, A. 164
  „ 1158   III 32, A. 94
Equit. 512   IV 76, A. 115
Nub. 311   III 18, A. 52
 „ 531   IV 76, A. 113
 „ 539   III 49, A. 164
 „ 558   IV 99, A. 155
 „ 1364 ff.   III 338, A. 156
Pax 691   I 179, A. 48
 „ 966   III 49, A. 164
 „ 1171   III 127, A. 419
 „ 1265 ff.   I 440, A. 48
Ran. 92   I 172, A. 36
 „ 218   III 21, A. 60

Ran.	370	III 26, A. 77	
„	377	III 32, A. 95	
„	390	III 26, A. 77	
„	1046 ff.	III 483, A. 62	
„	1050	III 50, A. 165	
„	1120	III 81, A. 283	
„	1285	III 160, A. 528	
„	1301	III 476, A. 37	
Thesmoph.	162	II 336, A. 13	
„	256	III 41, A. 134	
„	1039	III 600, A. 399	

fr. 197 Di. (*Γῆρας* fr. 18)
          III 96, A. 332
fr. 198 Di. (*Γηρυτ.* fr. 1)
          III 55, A. 185

Aristoph. vita 1 (W. *Bioyp.* p. 155)
          IV 71, A. 97

Aristophanes Byzant.
Andromach. hypoth. (Schol. Eurip. Di. IV p. 121, 9) I 280, A. 32
Phoeniss. hypoth. (Schol. Eurip. Di. III p. 5, 4) III 541, A. 230

Aristoteles
de anim. I 2 p. 404, A 18 IV 34, A. 48
Eth. Nicom. IV 8 IV 500, A. 264
Methaphys. *A* 8 I 312, A. 4
Meteorolog. 371, A 31
          IV 487, A. 208
    „ III 2 IV 488, A. 209

Poet.	1	II 489, A. 1
„	1 und 2	I 435, A. 33
„	c. 3, 5 p. 1448 A 33	
		IV 24, A 15; IV 46, A. 9
„	c. 4, 14 p. 1449 A 24	
		III 127, A. 418
„	c. 4, 15 p. 1449 A 28	
		III 270, A. 69
„	c. 5 p. 1449 B 12	
		III 203, A. 57
„	c. 5, 3 p. 1449 A 38	
		IV 49, A. 18
„	c. 6 p. 1449 B 29	
		III 126, A. 416
„	c. 9, 7 p. 1452 B 19	
		III 178, A. 5
„	c. 12 p. 1452 B 16	
		III 130, A. 431
„	c. 12 p. 1452 B 19	
		III 81, A. 283
„	c. 12 p. 1452 B 22	
		III 131, A. 433 und A. 450
„	13	I 824, A. 81
„	c. 13 p. 1453 A. 22	
		III 212, A. 81
„	c. 15 p. 1454 A 31	
		III 201, A. 54
Poet.	c. 15, 7 p. 1454 A 37	
		III 510, A. 131
„	c. 17	III 65, A. 223
„	c. 18 p. 1456 A 2	
		III 318, A. 107
„	c. 23	II 57, A. 77; II 51, A. 61
„	c. 25, 19 p. 1461 B 19	
		III 510, A. 129
„	c. 26	I 440, A. 49
„	c. 26 p. 1462 A 14	
		III 126, A. 416
Pol.	VII 15, 7 p. 1336 B	
		IV 117, A. 209
„	VII 17, 9	III 50, A. 166
„	VIII 6	I 29, A. 35
Probl.	19, 15 p. 918 B 21	
		III 151, A. 498
„	19, 15	II 164, A. 175
„	19, 19	I 130, A. 211
„	19, 28	
		I 390, A. 222 und II 163, A. 174
„	19, 31 p. 920 A. 11	
		III 266, A. 48
„	19, 48 p. 922 B 17	
		III 198, A. 48
„	30, 1	IV 502, A. 271
Rhet.	II 20	II 289, A. 53
„	III 18 p. 1418 A. 26	
		III 363, A. 24
Topic.	III 1	IV 489, A. 213

περὶ Ξενοφάνους κτλ.
          II 419, A. 24 und 422
frgm. περὶ ποιητῶν bei Athen. XI 505 C IV 39, A. 68

Aristoxenos s. Diodor. Sic. VIII 46.

Athenaios

I	3 a		I 215, A. 72
I	3		IV 478, A. 177
I	21 D		III 98, A. 338
I	21 E f		III 162, A. 536
I	22 A		III 611, A. 50
II	40 A		III 7, A. 14
IV	131		II 166, A. 182
IV	156 C		IV 144, A. 64
VII	275		I 499, A. 51
VIII	364		I 1010, A. 105
IX	369 E		IV 153, A. 108
IX	374 A		IV 13, A. 42
X	428 F		III 346, A. 176
X	435 E		III 92, A. 320
X	445 B		IV 4, A. 10
XI	507		IV 432, A. 64
XII	534 C		III 49, A. 163
XIII	583 F		IV 225, A. 156
XIII	585		IV 477, A. 174
XIII	594 D		IV 217, A. 159

XIII 628 B	IV 205, A. 12	*Diomedes*	
XIV 614 F	IV 141, A. 57	p. 488, 15 K.	IV 174, A. 6
XIV 619	I 390, A. 223	p. 491, 1 K.	III 87, A. 300
XIV 628 C	II 161, A. 532	*Dionysius Hal.*	
XIV 629 A	II 207, A. 18	'Ρωμ. ἀρχαιολ. I 19	I 340, A. 81
XIV 629 D	III 164, A. 540	Θουκυδ. c. 23	II 400, A. 5
XIV 630 C	III 166, A. 551	*Donatus*	
XIV 632 D	II 130, A. 80	zu Ter. Andr. IV 3, 11*) III 6, A. 10	
XIV 638	I 439, A. 46	de com. fr. (Klotz, Terent. com.	
XIV 636 B	I 497, A. 47	p. XIX 5)	III 6, A. 10
XV 682	II 46, A. 46		

Cicero
ad Quint. fr.   I 1, 46   III 144, A. 476
de nat. deor.   I 38   I 395, A. 234
de re publ.   IV 11   IV 118, A. 211
"   "   "   VI 11   IV 533, A. 6

Clem. Alex.
Strom.   I 306   II 126, A. 62
"   I 308   { I 390, A. 223
                      { II 165, A. 178
"   I 332   II 85, A. 32
"   V 569   I 42, A. 18
"   VI 629   II 401, A. 9

Demosthenes
de corona 262   III 91, A. 315
Lept. 22   III 75, A. 261
Mid. 8   III 32, A. 97
"   10   III 21, A. 59
"   17 und 65   III 58, A. 197
"   52   I 339, A. 80
                    III 18, A. 52
"   58   III 52, A. 171
                    III 53, A. 179
                    III 54, A. 184
Neair. 76   III 26, A. 77

Dion Chrysostomos
32, 94   IV 176, A. 8
37   IV 539, A. 10
37, 7 und 8   IV 267, A. 82
52, 3 II 158 Di   III 468, A. 14

Diogenes Laertios
I   57   I 499, A. 50
I   116   II 425, A. 43
II   64   IV 412, A. 2
II   56   III 21, A. 60
V   48 ff.   IV 506, A. 278
VIII 3, 78   IV 23, A. 13

Diodorus Siculus
IV 66   I 543, A. 92
VIII 46   IV 416
XIV 109, 1   III 34, A. 105
Exc. Vat. 1   I 469, A. 57

Etym. M.
v. ἐριούνιος   II 71, A. 15
v. σκηνή   III 37, A. 114

Euanthios
S. 6   IV 142, A. 58

Eukleides Grammat.
                    III 132, A. 433
                    III 135, A. 445
                    III 137, A 450
                    III 138, A. 452
                    III 142, A. 468

Euripides
Alcest. 650   I 370, A. 179
Andromache 6   III 70, A. 244
"   476   III 542, A. 233
"   733   III 544, A. 238
"   1290   III 545, A. 239
Bacchid. 662 ff.   III 222, A. 93
Electr. 125 f.   III 151, A. 496
Helen. 136 ff.   III 556, A. 274
Heraclid. 415 ff.   III 518, A. 159
"   779   II 501, A. 11
"   780   III 524, A. 177
Medea 279   III 598, A. 390
"   476   III 154, A. 509
Phoeniss. 52 }
"   271 }   III 70, A. 244
"   1451   III 411, A. 152
Supplic. 532 ff. }
"   1140 ff. } III 471, A. 21
Troad. 884   III 470, A. 19
Frgm. 902 (Nck. ed. sec. fr. 970)
                    II 398, A. 1

Euripid. vita
W. Biogr. p. 133, 7   III 469, A. 15
"   p. 134, 14 III 496, A. 70
"   p. 134, 29 III 468, A. 14

Eusebios
Praep. ev. V 28   I 469, A. 57

Eustathios
ad Iliad. 239   I 748, A. 20
ad Odyss. 1786   II 53, A. 70

---

*) Im Text irrtümlich III 4, 11.

Fragmenta
a. comicorum
Alexid. Θεοφόρ. fr. II (M. III 419)
  IV 153, A. 108
 ,, Γυναικοχρ. fr. I (M. III 402)
  III 47 (A. 155
 ,, Ἱππεῖς fr. I (M. III 421)
  IV 151, A. 97
Anaxandr. Πρωτεσιλ. fr. I (M. III 183, 16 ff.) II 543, A. 73
anonym. fr. 222 (M. IV 658)
  III 33, A. 102
 ,, fr. 226 (M. IV 665)
  III 70, A. 242
Antiphan. Παρεκδιδομ. (M. III 102)
  IV 144, A. 64
Ephipp. Γηρυόν. fr. 1 (M. III 323)
  IV 131, A. 25
Euphron. Ἀποδιδ. (M. IV 489)
  IV 152, A. 28
Eupol. Πόλεις fr. 30 (M. II 1, 518)
  III 33, A. 98
Kratin. fab. inc. fr. 51 (M. II 1, 192)
  III 34, A. 106
Lysipp. Βάκχ. fr. 2 (M. II 2, 744)
  IV 169, A. 197
 ,, ,, fr. 5 (M. II 2, 745)
  III 70, A. 242
Menandr. fab. inc. fr. 39 (M. IV 246)
  IV 177, A. 12
 ,, ,, ,, ,, 310 (M. IV 300)
  III 22, A. 63
Philem. Στρατιώτ. (M. IV 26 f.)
  IV 189, A. 45
Phrynich. fab. inc. fr. 1 (M. II 1, 601)
  III 358, A. 7
Plat. Πείσανδρ. fr. 7 (M. II 2, 651)
  IV 98, A. 152
 ,, Περιαλγής fr. 2 (M. II 2, 653)
  IV 100, A. 156
Susarion (M. II 1, 3) IV 8, A. 25
Telekleid. fab. inc. fr. 2. 3 (M. II 1, 371) III 474, A. 29
b. Epicharmi (Lorenz)
fr. inc. 1 IV 33, A. 46
 ,, ,, 27 IV 33, A. 45
 ,, ,, 40 IV 26, A. 23
 ,, ,, 60 IV 33, A. 41
 ,, ,, 97 IV 21, A. 8
c. tragicorum
Agathon. Τήλεφ. (Nauck ed. sec. 764 fr. 4) I 193, A. 23
Neophron Μήδεια (N. ed. sec. 731 fr. 3) III 506, A. 119
Phrynich. Ἄλκηστ. (N. ed. sec. 720 fr. 2) III 499, A. 100

Pratinas? (N. ed. sec. adesp. p. 928 fr. 458) III 262, A. 35

Galenos
VII, 982 I 235, A. 136
VII, 982 I 237, A. 143
XVII, 1. 506 I 219, A. 89
XVIII, A. 630 I 235, A. 136
Gellius
N. A. XIX 9 II 355

Harpokration
s. v. Ἴων II 90, A. 43
 ,, ,, III 607, A. 28
 ,, Θεωρικά III 38, A. 120
Herakleitos
fr. 70 Schleierm. (132 Schuster, 127 Byw.) III 5, A. 6
Herodotos
I 30 IV 248, A. 34
I 64 I 469, A. 57
I 65 I 466, A. 53
I 72 IV 271, A. 90
I 142 I 68, A. 45
I 144 I 55, A. 9
II 54 I 466, A. 52
II 145 IV 279, A. 117
III 15 IV 248, A. 34
III 80 IV 251, A. 44
V 22 IV 250, A. 40
V 59 I 203, A. 42
V 60 I 385, A. 214
V 83 III 12, A. 26
VI 19. 77 I 339, A. 77
VI 91 IV 253
VI 122 IV 250
VII 170 IV 248, A. 35
VII 213 IV 250, A. 40
IX 73 IV 248, A. 34
Hesiodos
Theog. 11 I 971, A. 16
 ,, 75—93 I 988, A. 60
 ,, 95 I 438, A. 43
 ,, 439 I 984
 ,, 576 ff. I 991, A. 67
W. u. T. 108 I 949, A. 20
 ,, ,, 299 I 919, A. 3
 ,, ,, 504 III 17, A. 47
 ,, ,, 646 ff. I 931, A. 30
Frgm. 5 (Rz. 4) I 862, A. 168
 ,, 71 (Rz. 102) I 1007, A. 95
 ,, 72 (Rz. 37) I 1005, A. 89
 ,, 163 (Rz. 183) I 1008, A. 101
 ,, 227 (Rz. 344) I 931, A. 31
 ,, 187 (Rz. 216) I 949, A. 20

REGISTER. 89

Hesychios
v. αἰγείρου θέα   III 34, A. 107
„ Καμαριναίως λέγει II 88, A. 41
„ Καρικὰ μέλη   III 122, A. 407
„ κατάλογον   II 160, A. 157
„ μωύς, μῶυ   I 320, A. 17

Homeros
1. Ilias
Α 7   I 554, A. 7
Α 69   I 554, A. 7
Α 221 vgl. mit 423   I 553
Α 307   I 554, A. 7
Α 469   I 548, A. 38
Β 108   I 548, A. 38
Β 221 ff.   I 541
Β 260   I 541
Β 350   I 556, A. 11
Β 391   I 893, A. 21
Β 517 vgl. mit 656   I 565, A. 35
Β 559 in Beziehung zum ἀγὼν Ὁμήρ. II 66, A. 103
Β 568   I 548, A. 38
Β 828 vgl. mit Α 329 I 566, A. 36
Γ 126   I 566, A. 38
Γ 140   I 568
Γ 382—449   I 571
Δ 1—85   I 571
Δ 190 ff.   I 571
Ε 131—132   I 576
Ε 160—216   I 576
Ε 311—431   I 576
Ε 344   I 576
Ε 432—444   I 577
Ε 471 ff.   I 579
Ε 508 ff.   I 579
Ε 627—698   I 559, A. 18; 575
Ε 776   I 579, A. 80
Ε 620—21   I 580
Ε 832   I 580
Ε 842   I 580, A. 84
Ζ 119—236   I 574
Ζ 146 ff.   I 822, A. 79
Ζ 168   I 205, A. 46
Ζ 289 in Beziehung zu ο 105 ff.
                             I 738, A. 18
Ζ 326 ff.   I 582
Ζ 433 ff.   I 583
Ζ 490—93 in Beziehung zu ψ 350 ff.
  und α 356 ff.   I 738, A. 18
Η 67 ff.   I 583
Η 94 ff.   I 583
Η 172 ff.   I 205, A. 46
Η 175—312   I 584
Η 313 ff.   I 584 f.
Η 345 ff.   I 585
Η 420—432   I 585

Η 467 ff.   I 585
Θ 67 ff.   I 587
Θ 102 ff.   I 588
Θ 161 ff.   I 588
Θ 170   I 588
Θ 184—197   I 588
Ι 34 vgl. mit Δ 370   I 596
Ι 71   I 784, A. 4
Ι 77 vgl. mit Θ 541   I 596
Ι 182 ff.   I 540
Ι 212   I 548, A. 38
Ι 558   I 871, A. 189
Λ 608 in Beziehung zu Ι   I 593
Λ 660 vgl. mit 650   I 593
Λ 664—762   I 525, A. 15
Λ 666 vgl. mit Θ 185 I 601, A. 155
Μ 175—181   I 603, A. 158
Ν 126-133 }
Ν 339   }   I 608, A. 167
Ν 673 ff.   I 609, A. 175
Ν 696   I 609, A. 175
Ξ 153—362   I 610, A. 178
Ο vgl. mit Ξ 250 ff.   I 613
Ο 36 vgl. mit Ξ 271 ff.   I 613
Ο 80   I 8, A. 3
Ο 111 vgl. mit Ν 518 ff. (bei Bergk
  irrtümlich Ξ 518)   I 613
Ο 368—380   I 614, A. 201
Π 61 vgl. mit Ι 650   I 593
Π 69—73   I 594
Π 83 ff.   I 594, A. 125
Ρ 73 in Beziehung zu Hom. α
                             I 664, A. 23
Ρ 446   I 822, A. 78
Σ 444 f. in Beziehung zu Il. Ι I 594
Τ 99 ff.   I 525, A. 15
Τ 140 }
Τ 195 }   I 595
Τ 243 }
Τ 141   I 626, A. 252; 629, A. 265
  in Beziehung zu Ι   I 595, A. 128
Χ 126 f.   I 360, A. 149
Χ 132   I 637
Ψ 227 vgl. mit Ω 12 I 640, A. 307
Ω 45   I 548, A. 38
Ω 230—31 vgl. mit ω 276—77
                             I 641, A. 311
Ω 482   I 642, A. 315
Ω 525 ff.   I 822, A. 78
Ω 614 ff.   I 640, A. 307
Ω 720 ff.   I 350
Ω 790   I 548, A. 38
2. Odyssee
α 197 ff.   I 662, A. 17
β 24 ff. vgl. mit ω 422 ff.
                             I 662, A. 24

β 260 in Beziehung zu α
　　　　　　　　　　I 664, A. 24
γ 7. 8　　　　　　　I 665, A. 27
δ 796 ff.　　　　　　I 669, A. 37
ε 1—50　⎫
ε 51—86　⎬　　　　I 657, A. 3
ε 87—115⎭
η 104　　　　　　　I 958, A. 43
η 112 ff.　　　　　　I 525, A. 16
η 274 in Beziehung zu ε　I 671
ϑ 265 ff. in Beziehung zu ν　I 699
ϑ 488　　　　　　　I 428, A 10
ϑ 491　　　　　　　I 434, A. 31
ϑ 492　　　　　　　I 389, A. 221
ϑ 499　　　　　　　I 434, A. 31
χ 107　　　　　　　I 684
χ 475 ff.　　　　　　I 548, A. 38
λ 119 ff. in Beziehung zu ψ 251,
　267 ff.　　　　　　I 689, A. 84
ν 302 vgl. mit ϑ 21　　I 676
ξ 459 in Beziehung zu II. B 56
　　　　　　　　　　I 701, A. 116
ο 363 in Beziehung zu π 119 ff.
　　　　　　　　　　I 705
π 281—295 in Beziehung zu
　τ 1—50　⎫
　χ 21 ff.　⎬　　　　I 694 f.
　χ 140 ff.　⎪
　ω 165 ff.　⎭
π 371 ff.　　　　　　I 668 f.
π 470 ff. in Beziehung zu δ
　　　　　　　　　　I 668, A. 35
ρ 385　　　　　　　I 8, A. 3
ρ 385　　　　　　　I 548, A. 38
ρ 386　　　　　　　I 725, A. 195
τ in Beziehung zu Aristot. Poet. c. 8
　　　　　　　　　　I 711, A. 153
τ 177　　　　　　　I 54, A 6
υ 382　　　　　　　I 549, A. 38
φ 13 ff.　　　　　　I 541
χ 231　　　　　　　I 718, A. 176
χ 347　　　　　　　I 429, A. 12
ψ 310 ff. in Beziehung zu Aristot.
　Rhet. III 15　　　　I 720, A. 184
ω 88　　　　　　　 I 725, A. 195
ω 203 ff.　　　　　　I 525, A. 16
ω 267 in Beziehung zu τ 350
　　　　　　　　　　I 721, A. 186

3. Hymnen

I 162　　　　　　　II 243, A. 146
I 173　　　　　　　I 750, A. 25
I 239 ff. (in Ap. II 62 ff.)
　　　　　　　　　　I 757, A. 39
I 317 (in Ap. II 139)　I 760, A. 47
I 373 (in Ap. II 195)　I 755, A. 34

II 17—19　⎫
II 25　　　⎬　　　　I 766, A. 60
II 36　　　⎪
II 100　　 ⎭
II 460　　⎫　　　　I 764, A. 52
II 496　　⎭
III 58 ff. in Beziehung zu ϑ 362 ff.
　　　　　　　　　　I 768
IV 228　　　　　　　I 801, A. 35

4. Batrachom.

107 (Brandt corp. poes.
　ep. Gr. ludib. 106
　bis 107)　⎫
135　　　　⎪
164　　　　⎬
192　　　　⎬　　　I 773, A. 79
214 (Br. u. d. Txt. p. 22)⎪
253 (Br. u. d. Txt. p. 26)⎪
295 (Br. 293)　⎭
303

Horatius
Ep. II 1, 58　　　　　IV 35, A. 52
„　„ 3, 136　　　　II 28, A. 2
„　„ 3, 192　　　　III 86, A. 295
„　„ 3, 391　　　　I 324, A. 24

Iamblichos
de myst. VIII 1　　　IV 571, A. 102
vit. Pythag. 34　　　　I 395, A. 243
Theolog. Arithmet. 20 II 442, A. 92

Inschriften
CIA II 1, 114 (nicht 144)
　　　　　　　　　　III 36, A. 112
„　II 1, 176　　　　III 36, A. 112
„　II 1, 314　　　　IV 229, A. 201
„　II 2, 643　　　　III 365, A. 32
„　III 1, 240　　　　III 46, A. 151
CIG I 11　　　　　　I 60, A. 28
„　I 29 (Roehl 32) II 319, A. 80
„　I 102　　　　　　III 38, A. 117
„　I 105, 31　　　　III 23, A. 66
„　I 150 A, 35　　　II 500, A. 11
„　I 219　　　　　　III 75, A. 260
　　　　　　　　　⎧III 20, A. 56
„　I 229　　　　　　⎨III 62, A. 214
　　　　　　　　　⎩IV 59, A. 60
„　I 230　　　　　　III 62, A. 214
„　I 231　　　　　⎧III 62, A. 214
　　　　　　　　　⎩IV 143, A. 66 u. 68
„　I 1584　　　　　III 68, A. 236
„　II 2246　　　　　I 79, A. 78
„　II 2655a　　　　II 384, A. 6
„　II 2759　　　　⎧III 69, A. 236
　　　　　　　　　⎩IV 110, A. 198
„　II 2910　　　　　I 26, A. 32
„　II 6129　　　　　II 34, A. 9

REGISTER. 91

CIG III 6083   IV 214, A. 146
Ephem. Archaeol. 1858, 3453 (CIA II
176)   III 21, A. 60
Ephem. Archaeol. 1860, 4097, 65
   III 26, A. 78
Inscript. Boeot. Keil 23
   I 923, A. 13
IGA 32 (CIG I 229) IV 50, A. 26
„ 110 („ I 11) II 24
„ 342 (Rangab. I 318)
   II 24, A. 35
„ 343   II 24, A. 36
„ 482a (CIG III 5126)
   II 25, A. 38
Marm. Par. (Flach) Ep. 39 Z. 54
   IV 43, A. 1
„ „ Ep. 39 Z. 55
   III 59, A. 204
„ „ Ep. 43 Z. 58
   III 59, A. 203
   III 256, A. 15
„ „ Ep. 46 Z. 61
   II 500, A. 9
   III 269, A. 66
„ „ Ep. 47 Z. 61
   II 536, A. 39
„ „ Ep. 70 Z. 82
   IV 158, A. 136
Meier Comm. epigr. N. 67
   IV 171, A. 2
Rangabe Antiquit. Hellen. 961
   II 500, A. 11
„ „ (CIA 971) 1003
   IV 46, A. 11

Iosephos
contr. Apion. 1 2 { I 196, A. 30
     I 528

Kallimachos
s. schol. Aristoph. Ran. 216

Longinos
περὶ ὑψ. 9, 9   IV 553, A. 52
schol. ad Hephaest. 141 I 387, A. 218

Lukianos
Dem. 14   IV 551, A. 45
de salt. c. 27   III 127, A. 416
ver. hist. II 20   I 728, A. 1
Lydus de mens. IV 44   I 328, A. 35
Lysias
περὶ τραύματ. ἐκ προν. 3 (or. IV)
   III 58, A. 197

Makrobios
Sat. I 7, 28   I 340, A. 81

Markellinos
vita Thucyd.   IV 249, A. 39

Papyrus Egger   IV 409, A. 153
Pausanias
I 18, 9   I 174, A. 42
I 20, 3   III 35, A. 110
III 18, 7   II 202, A. 2
IV 17, 2   II 247, A. 8
IX 10, 5   I 203, A. 42
IX 30, 3 }
X 24, 3 }   I 929, A. 23
IX 31, 5   I 1001, A. 86
X 5, 7   I 357, A. 219
X 12, 10   I 340, A. 81
XI 31, 4   I 966, A. 4
περὶ κωμῳδίας
III 3 (M.* p. 535, 11) IV 114, A. 207
III 9 (M. 536, 12) IV 60, A. 61
III 10 (M. 536, 15) III 264, A. 42
III 11 (M. 536, 16) IV 96, A. 143
III 13 (M. 537, 6f.) { IV 115, A. 207
     IV 129, A. 22
III 14 (M. 537, 18f.) IV 143, A. 62
III 15 (M. 537, 25f.) IV 216, A. 155
III 16 (M. 538, 6) IV 191, A. 52
V (M. 539, 14) IV 13, A. 41
Philodemos
περὶ εὐσεβ. (S. 5, Z. 5—6 Gomp.)
   I 1007, A. 95
Philostratos
βίοι σοφιστ. I 19 }
     I 20 } IV 547, A. 25
„ epist. 63 „   II 59, A. 79
Phlegon
περὶ θαυμασ. κτλ. 4 }
„ „ „ 10 } I 345, A. 97
Pindaros
Nem. VI 30   II 169, A. 191
Ol. II 86   II 372, A. 135
„ VIII 33 ff.   I 583, A. 90
„ X 9   II 515, A. 3
Pyth. III 81   II 61, A. 86
„ IV 278   II 62, A. 86
Platon
Apolog. 26 D   I 218, A. 52
Charmid. 163 D   IV 448, A. 100
epist. 7 S. 325   IV 472, A. 160
„ 8, 353 e   I 40, A. 14
Eryxias 21 p. 399 A IV 333
Euthyd. 297 C   IV 101, A. 162
Gorg. 502 D   III 50, A. 166
Kratyl. 402   I 393, A. 229. 230
Leg. III 700 B   III 12, A. 30

---

*) Meineke Fr. com. Gr. vol. I.

Menex. 236 A	IV 251, A. 124	Lycurg. 4	{ I 451, A. 4 I 529, A. 19
„ 246 A	IV 457, A. 122		
„ 249 B	IV 460, A. 129	„ 6	I 419, A. 9
Phaidon 77 E	II 475, A. 28	Pericl. c. 9	III 48, A. 160
Phaidr. 244	I 340, A. 61	Phoc. c. 19	III 74, A. 255
„ 264	I 779, A. 99	praec. ger. reip. 17	III 54, A. 184
Pol. IV 424	II 122, A. 47	„ „ „ 21, 3	III 91, A. 315
Protag. 316	I 393, A. 229	quaest. symp. III 7, 1, 2	
Sympos. 174	I 368, A. 162		III 14, A. 39
„ 175 E	III 48, A. 162	Solon c. 30	III 82, A. 286
„ 194 A	III 30, A. 57 u. 69	Sulla 26	IV 479, A. 179
„ 223 C	III 14, A. 39	Themist. 10	I 72, A. 55
„ 223 D	III 55 u. A. 189	vit. dec. orat. 10	III 21, A. 60
Theait. S. 171 D	IV 430, A. 58	„ „ „ 11	{ III 38, A. 120 III 71, A. 247
„ 179 f.	I 393, A. 229		
Timai. 40 B	I 393	fr. XI 29	III 14, A. 39
Plinius		Pseudo-Plut. p. 884 C	IV 352, A. 62
H. N. III 96	I 758, A. 14	*Plotius Sacerd.*	
„ XVIII 68	I 208, A. 55	A. G. III 11, 9 (K) VI 545, 7 ff.(K) }	IV 8, A. 25
„ XXXI 19	IV 274, A. 102		
„ XXXV 70	IV 168, A. 192	*Pollux*	
„ XXXV 96	I 755, A. 43	IV 53	III 139, A. 455
Plautus		IV 65	II 220, A. 56
Pseudolus 59 } „ 321 }	III 28, A. 84	IV 66	II 211, A. 29
		IV 105	III 164, A. 540
Plutarchos		IV 109	III 84, A. 290 u. 291
Alc. 22	II 475, A. 28	IV 110	III 75, A. 262
an sen. s. resp. ger. 3	III 28, A. 83	IV 121	III 36, A. 111
„ „ „ „ 10	I 469, A. 57	IV 124	{ III 40, A. 128 III 88, A. 305
de cap. divit. c. 8	III 60, A. 204		
de fortit. Alex. I c. 5	III 171, A. 563	IV 126	III 45, A. 147
de glor. Athen. c. 5	IV 111, A. 201	VII 90	I 374, A. 192
„ „ „ c. 6	III 73, A. 253	*Polybios*	
„ „ „ c. 7	III 60, A. 204	XI 1	I 232, A. 124
de maligo. Herod. c. 39		*Proklos*	
	IV 267, A. 822	chrestomath. 14 (bei Gaisf. Hephaest. edit. II, I p. 349)	II 165, A. 180
de mus. 3	{ I 459, A. 22 I 435, A. 32		
		ad Hes. op. et d. 504	III 14, A. 39
„ „ 4	II 165, A. 178	*Propertius*	
„ „ 3 und 5	II 402, A. 254	II 34, 29	I 734, A. 26
„ „ 5	II 398, A. 241	*Pseudo-Herodotos*	
„ „ 4 und 6	II 213, A. 32	. 28	I 562, A. 22
„ „ 6	II 163, A. 174		
„ „ 7	II 127, A. 68	*Rhetor. Gr.*	
„ „ 9	II 226, A. 85	Anonym. A. Gr. I 436, 18 Sp. (II 228, 16 W.)	III 593, A. 375
„ „ 10	II 230, A. 99		
„ „ 12	II 498, A. 2	s. auch Theon.	
„ „ 17, 3	III 159, A. 524	*Scholia*	
„ „ 21, 4	III 159, A. 522	zu Aischines	
de prof. in virt. c. 7	I 373, A. 61	Tim. 10	II 507, A. 29
de Pyth. or. 19	{ I 101, A. 138 I 339, A. 77	zu Apollon. Rhod.	
		Argon. I 747	I 1004, A. 87
„ „ „ 24	I 337, A. 66	„ II 299	I 1011, A. 108
de sera num. vind. 6	IV 22, A. 9	zu Aristid. Quintil.	
Dio 11	IV 319, A. 233	III S. 535	III 45, A. 145

REGISTER. 93

zu Aristophanes com.
Acharn.	11	III 610, A. 45
Acharn.	195	III 17, A. 47
„	202	III 22, A. 63
„	378	{ III 15, A. 42 IV 117, A. 210
„	504	III 21, A. 60
„	591	{ I 57, A. 115 I 61, A. 34
Av.	1242	IV 500, A. 262
Eccles.	193	IV 65, A. 125
Equit.	589	III 77, A. 276
„	1291	IV 65, A. 76
Nub.	31	IV 117, A. 216
„	971	II 537, A. 44
„	1264	III 91, A. 311
„	1352	III 165, A. 545
Pax	762	IV 65, A. 78
Plut.	1194	IV 86, A. 125
Ran.	216	III 26, A. 77
„	218	III 21, A. 60
„	404	III 74, A. 259
„	501	IV 117, A. 210
„	1028	III 295, A. 55
„	1054	III 280, A. 19
„	1344	{ III 64, A. 216 III 286, A. 36
Vesp.	1025	IV 66, A. 78

zu Aristoteles
περὶ κόσμου 469A   IV 566, A. 87

zu Euripides
Alcest.	983	I 399, A. 245
Androm.	446	III 541, A. 231
Hecub.	129	{ II 437, A. 77 IV 415, A. 12
Med.	517	III 150, A. 493
Phoen.	202	III 132, A. 433

zu Hephaistion
128	III 134, A. 442
169	II 188, A. 29

zu Homeros
Il. B 494	I 1018, A. 121
„ Γ 242	II 28, A. 2
„ Π 185	I 190, A. 13
„ Ψ 346	II 28, A. 2

zu Lukianos
IV S. 226   III 43, A. 137

zu Pindaros
Isthm. VIII 26	III 321, A. 116
„ VIII 30 f.	III 326, A. 130
Nem. II 1	I 508, A. 68
Ol. XIII 31	II 69, A. 6

zu Platon
Apol. 19	IV 74, A. 109
Rep. III 394 C	III 60, A. 204

zu Sophokles
Trachin. 205   III 138, A. 453

Sextus empir.
Pyrrh. Hypot. III 30
   II 87, A. 37

Simonides von Amorgos
fr. 6 (Anthol. lyr. B. ed. IV p. 18)
   I 960, A. 49

Solinus
Polyhist. c. 5, 13   IV 38, A. 61

Sophokles
Aias 885 } „ 930 }	III 465, A. 277
Antig. 104 } „ 335 }	III 465, A. 277
„ 572	III 402, A. 127
„ 712	I 370, A. 179
„ 957	III 149, A. 492
„ 1083	III 415, A. 161
„ 1119	III 416, A. 162
„ 1348 ff.	III 413, A. 158
„ hypothes.	III 67, A. 231
Oedip. Colon. 521	III 445, A. 227
„ „ 1277	III 598, A. 390
„ „ 1623 } „ „ 1626 }	III 209, A. 73
Oedip. tyr. 168	III 120, A. 403
„ „ 863	I 330, A. 43
„ „ hyp.	III 423, A. 178
Philoct. hypoth.	III 424, A. 181
Trach. 640	III 157, A. 515
„ 1176	I 203, A. 40

Stephanos von Byzanz
s. v. Ἀβρογῖνες	I 340, A. 81
„ „ Μίλητος	II 542, A. 64
„ „ Ὄλον	IV 150, A. 93

Stobaios
Flor. 43, 27   IV 169, A. 193

Strabon
I 15	II 394, A. 30
XIII 617	II 273, A. 3
XV 688	II 74, A. 23

Suidas
s.v. Αἰσχύλος	III 98, A. 335
„ „	III 278, A. 9
„ „	III 279, A. 14
„ Ἀλκμάν	II 231, A. 103
„ Ἀναξιμένης	II 428, A. 52
„ ἀνάπαιστοι	III 128, A. 422
„ Ἀπολλόδωρος Ἀθην.	IV 230, A. 209
„ Ἀπολλόδωρος Γελῷος	IV 230, A. 208
„ Ἀπολλώνιος Τυανεύς	I 276, A. 23

s. v. *Άριστέας*	II 99, A. 51	
„ *Αριστοφάνης*	IV 71, A. 100	
„ *Αρκάδας μιμούμενοι*		
	III 54, A. 181	
„ *Αχαιός*	III 607, A. 29	
„ *Δεινόλοχος*	IV 37, A. 60	
„ *Διονύσιος Μιλήσ.*	II 405, A. 46	
„ *Έκαταίος*	II 394, A. 29	
„ *Επίχαρμος*	IV 23, A. 13	
„ *Εΰβουλος Κήττιος*		
	IV 160, A. 143	
„ *Ευριπίδης*	III 455, A. 80	
„ *Θέογνις*	II 308, A. 40	
„ *Θέσπις*	III 255, A. 10	
„ *Όμηρος*	I 545, A. 33	
„ *ορχήστρα*	III 37, A. 114	
„ *Πείσανδρος Πείσων.*		
	II 74, A. 23	
„ *Πλάτων κωμικός*	IV 101, A. 163	
„ *Σοφοκλής*	III 229, A. 104	
„ „	III 230, A. 108	
„ „	III 233	
„ „	III 234, A. 120	
„ „	III 235, A. 122	
„ „	III 362, A. 20	
„ *Σώφρων*	IV 38, A. 62	
„ *Τιμοκλής*	IV 163, A. 160	
„ *Φερεκράτης*	IV 60, A. 61	
„ *Φερεκύδης*	II 424, A. 43	
„ *Φιλήμων*	IV 216, A. 158	
„ *Φιλιστίων*	IV 536, A. 5	
„ *Φίλιστος*	IV 319, A. 232	
„ *Φρύνιχος*	III 266, A. 47	
Synkellos		
I 72	IV 573, A. 111	

Tatianos
33 II 152, A. 144

Terentius
Eun. Prol. 25 IV 184, A. 31

Themistios
XXVI 362, 19 Di { III 63, A. 284 ; III 360, A. 15

Theon
  progymn. 3, 175 (II p. 73, 31 Sp.)
   I 369 A. 176 u. 177

Theokritos
  Id. VII 96 ff.   IV 524, A. 44
  Epigr. XVII 7 f. IV 29, A. 26
    „ XX   II 73, A. 22

Theophrastos
  Char. c. 9   III 50, A. 166

Thukydides
I 21	II 393, A. 29
II 8	I 338, A. 72
II 15	III 18, A. 52

Timotheos von Milet
  fr. 10 (Bgk.)   II 542, A. 66

Tzetzes
  ad Lycophr. I 256 IV 17, A. 50

Valerius Maximus
  III 7 Ext. 1 p. 150 (Halm)
                   III 454, A. 65

Varro
  s. Plinius XVIII 65.

Velleius Paterculus
  I 4   I 201, A. 38

Vitruvius
  V praef. 2   II 441, A. 86
  V praef. 3   I 999, A. 65
  V 9, 1   III 35, A. 110

Xenophanes
  Eleg. 7 B (Karsten 24) II 418, A. 23

Xenophon
Anab. V 3, 5	IV 313
„ VII 5, 2	I 215, A. 83
„ VII 6, 26	IV 313, A. 214
Hellen. III 2, 21	IV 294, A. 160
Oeconom. 3, 7	III 32, A. 95
Πόροι 5, 9	IV 312, A. 207
Sympos. 6, 3	III 127, A. 418

Zenobios
  Paroim. II 11   IV 7, A. 26
      „   V 40   III 362, A. 33

Druck von W. Pormetter in Berlin.